L'OBÉLISQUE

DE

LOUQSOR.

IMPRIMERIE DE FIRMIN DIDOT FRÈRES,
RUE JACOB, N° 24.

L'OBÉLISQUE

DE

LOUQSOR

TRANSPORTÉ A PARIS.

NOTICE HISTORIQUE, DESCRIPTIVE ET ARCHÆOLOGIQUE
SUR CE MONUMENT,

PAR M. CHAMPOLLION-FIGEAC;

AVEC LA FIGURE DE L'OBÉLISQUE ET L'INTERPRÉTATION
DE SES INSCRIPTIONS HIÉROGLYPHIQUES,
D'APRÈS LES DESSINS ET LES NOTES MANUSCRITES

DE CHAMPOLLION LE JEUNE.

PARIS,
CHEZ FIRMIN DIDOT FRÈRES, LIBRAIRES,
RUE JACOB, N° 24.

DÉCEMBRE 1833.

A LA MÉMOIRE

DE

CHAMPOLLION LE JEUNE.

SES ADMIRABLES TRAVAUX AURONT LA DURÉE
DES MONUMENTS QU'IL NOUS A FAIT CONNAÎTRE.

(CHATEAUBRIAND.)

DEPUIS LA RENAISSANCE DES LETTRES,
PEU D'HOMMES ONT RENDU A L'ÉRUDITION
DES SERVICES ÉGAUX A CEUX
QUI CONSACRENT
SON NOM
A L'IMMORTALITÉ.

(SILVESTRE DE SACY.)

AVERTISSEMENT.

L'OBÉLISQUE égyptien qui, par l'effet de la munificence nationale et des soins éclairés du gouvernement, va bientôt concourir à l'ornement de la capitale, excite vivement l'attention publique depuis qu'il est arrivé en France, avant même qu'il ait été possible de le voir. Cette attention s'accroîtra encore quand l'obélisque sera exposé à tous les regards, à ceux surtout des personnes capables d'apprécier les rares mérites que réunit ce monument colossal de l'art des anciens, qui est en même temps une des pages primitives de leur histoire. La présente Notice pourra donc obtenir quelque faveur; l'intérêt du sujet et l'exactitude des renseignements qu'on s'est appliqué à y réunir permettent du moins de l'espérer. L'histoire complète de l'obélisque y est écrite depuis son origine jusqu'à ce jour; ce que l'on pouvait en dire sous le rapport archæologique, et relativement aux deux princes célèbres qui l'ont fait édifier, y est sommairement résumé en quelques notions propres à satisfaire la curiosité générale par leur ensemble comme par leur certitude.

On ne s'est pas astreint à exposer avec quelque détail la série des opérations mécaniques exécutées à Thèbes pour abattre et embarquer l'obélisque; c'est de l'habile ingénieur qui les a si heureusement dirigées, que le public doit en recevoir la confidence et la relation. M. Lebas les lui promet sous les auspices et d'après les ordres de M. le Ministre de la marine (1).

J'ai fidèlement avoué dans cet écrit tous les renseignements dont je suis redevable à l'obligeance de M. Lebas, et à celle de M. le capitaine Verninac de Saint-Maur, commandant du *Louxor*, qui, il faut l'espérer, ne privera pas l'histoire des navigations hardies et périlleuses entreprises par la marine royale, du récit de son voyage maritime de Thèbes à Paris sur le même bâtiment, route inusitée jusqu'ici, et qui nous aura été frayée par le génie de l'antique Égypte, si propice à la gloire du nom français.

Les dispositions projetées pour l'emplacement de l'obélisque, satisferont sans doute à ce qu'exigent les convenances architecturales et archæologiques. Sous ces deux rapports, il serait difficile de ne pas bien faire; assez de malheureuses expériences, tou-

(1) On annonce également l'histoire médicale de l'expédition du *Louxor*, par M. Angelin, médecin de ce bâtiment.

tes vivantes de contre-sens, subsistent encore pour qu'on se préserve de les renouveler.

Mais aura-t-on bien tout fait quand l'obélisque sera convenablement dressé sur une de nos places publiques? suffira-t-il à la satisfaction du gouvernement de l'y montrer comme une difficulté vaincue, comme un tour de force très-périlleux de notre mécanique moderne, qui aura l'immense mérite d'avoir élevé sur un piédestal une pierre du poids de quelques milliers de quintaux? et ne viendra-t-il à l'esprit ou au cœur d'aucune des personnes dont la voix a quelque autorité dans les conseils du prince ou dans ceux de la nation, que cette pierre peut être animée par d'illustres souvenirs, consacrée par un sentiment religieux et national à la mémoire des enfants de la France morts pour sa gloire dans ce même désert d'où l'obélisque vient d'être arraché? Tout le monde comprendrait très-clairement cette pieuse résolution de la France qui, au prix de son sang, ayant délivré d'une mortelle oppression et relevé à jamais l'antique renommée de l'Égypte, en consacrerait les reliques sur les bords de la Seine aux mânes de ses héros abandonnés sur les rives du Nil?

Je propose (mais ma faible voix ne sera pas entendue) que, par une loi, l'obélisque soit élevé en mémoire de l'expédition française en Égypte, la plus mémorable entreprise des temps modernes, par son objet, ses moyens, l'illustration des noms qui s'y rattachent, et par ses nombreux résultats, les uns déja si utiles à la prospérité de la France, au retour des peuples du Levant vers la civilisation, et les autres d'un si haut intérêt pour la véracité des annales de la philosophie humaine.

Une inscription simple, précise et très-intelligible pour tous, dirait :

A L'ARMÉE D'ORIENT
QUI OCCUPA
L'ÉGYPTE ET LA SYRIE
EN 1798, 1799, 1800 et 1801.

LOI DU.........
1834.

L'armée d'Orient grava ses vœux patriotiques pour la France sur les rochers de Syène, à la frontière extrême de l'Égypte vers le midi. A son tour la France manifesterait enfin sa gratitude envers ces phalanges savantes et guerrières qui portèrent son nom jusqu'aux confins de la Nubie, et en maintinrent héroïquement l'honneur et la renommée.

Un second obélisque est resté à Louqsor la propriété de la France. Le gouvernement hésitera-t-il entre quelques dépenses nécessairement limitées, et le transport à Paris de ce second obélisque? on ne doit pas le craindre. Deux ou plusieurs monuments de cet *ordre* ne se voient que dans l'ancienne capitale du monde, et païenne ou catholique, elle n'a point cessé de s'en enorgueillir : pourquoi la capitale de la France renoncerait-elle à l'avantage d'ajouter ces prodiges des arts de l'antiquité aux magnificences de l'industrie moderne?

Enfin c'est dans les inscriptions de l'obélisque laissé à Louqsor que sont mentionnés les obélisques mêmes, les circonstances, les souverains qui les ont fait ériger, et par là leur date certaine. La réunion des deux obélisques à Paris est donc commandée par un but d'utilité et de convenance tout à la fois, et par l'intérêt de l'histoire et des arts; car la connaissance certaine de l'époque d'un monument est un des points essentiels de son étude, un des meilleurs moyens d'apprécier avec équité ses divers mérites.

J'exprime ici un vœu : d'honorables suffrages lui donneront peut-être quelque valeur.

L'OBÉLISQUE

DE

LOUQSOR.

§ Ier.

Thèbes. — Louqsor et ses monuments.

Thèbes, capitale de l'ancienne Égypte, fut une des plus anciennes et des plus grandes villes du monde; aucune autre ne l'égala peut-être pour le nombre, l'étendue et la magnificence des monuments civils ou religieux : le seul aspect de ses ruines excita spontanément l'enthousiasme et l'admiration de l'armée française. Ces ruines ont inspiré les mêmes sentiments à tous ceux qui les ont visitées; la haute idée qu'en donnèrent à l'ancien monde quelques vers d'Homère, est encore au-dessous de ce qu'inspire la réalité.

La plaine de Thèbes, bornée à l'est par une chaîne de montagnes nommée *arabique*, et à l'ouest par la chaîne *libyque*, est coupée par le cours du Nil du midi au septentrion. Les restes de la ville existent sur les deux rives du fleuve. Plusieurs villages modernes végètent misérablement sur cet espace, à peu près égal à l'enceinte décrite par les murs de Paris; et ces villages sont inaperçus, tant les ruines antiques les dominent. La vaste plate-forme d'un seul temple suffit quelquefois pour une de ces bourgades. Biban-el-Molouk, Gournah, le monument d'Osymandyas et Médinet-Habou s'élèvent entre le Nil et la montagne libyque; les tombeaux des rois sont creusés dans cette montagne; et sur la rive opposée est Karnac, où tout est colossal et merveilleux, même relativement aux autres merveilles de l'Égypte.

En remontant le Nil, qui n'a pas ici bien moins d'une demi-lieue de largeur, et après avoir dépassé Karnac, qui est dans la plaine à gauche, on amarre les barques le long des ruines d'un vaste monument situé sur la même rive, et près de son angle sud-ouest, presque baigné par les eaux du Nil qui minent insensiblement ses fondations: c'est Louqsor. Le village moderne et les ruines antiques occupent une butte factice peu élevée, ayant 700 mètres de longueur sur 350 environ de largeur. Louqsor est un bourg assez considérable, dont on portait la population, il y a trente ans, de 2 à 3,000 individus, et qui n'en compte aujourd'hui que 5 à 600; il y a un marché chaque semaine, un grand nombre de colombiers, et un four pour faire éclore les poulets. Les édifices antiques sont obstrués par des cahuttes de *fellahs* (cultivateurs) qui masquent et défigurent ces admirables constructions; un *brinbachi* (fonctionnaire turc) a même placé sa maison sur le sanctuaire du grand palais, et il a fait de ce sanctuaire le fétide dépôt de ses balayures, au moyen d'une ouverture pratiquée à la plate-forme.

La position de Louqsor a été déterminée par feu M. Nouet, membre de la Commission d'Égypte, et il a reconnu que le village et les ruines sont situés à 30° 19′ 38″ de longitude à l'est du méridien de Paris, à 25° 41′ 57″ de latitude nord; et la distance à vol d'oiseau de Louqsor à Paris a été évaluée à 366 myriamètres 3/4, équivalant, par les détours, à plus de 1000 lieues de 25 au degré. La navigation du bâtiment la *Louxor*, de Thèbes à Paris, a été estimée à 1,460 lieues marines, qui valent 1750 lieues ordinaires de France.

Les barques abordent au pied d'un quai antique, journellement déchaussé par le Nil; bientôt ce quai ne défendra plus le palais contre les efforts continuels du fleuve, qui touche presque aux colonnes les plus voisines et qui menace de tourner la pointe de ce quai. On y observe deux genres de construction : l'une en grandes briques cuites, liées par un ciment d'une dureté extrêm et qui se détachent par blocs de 15 à 18 pieds de large sur 25 à 30 de longueur, semblables à des rochers inclinés sur le fleuve et s'avançant dans son lit; l'autre est une construction en pierres de grès qui proviennent d'édifices peu anciens, et conservent encore des traces de sculptures. La partie en briques appartient au quai égyptien primitif; la portion où le grès a été employé est beaucoup moins ancienne.

Le plan réduit, n° 1 de notre Ire planche, donne une idée générale de l'ensemble des ruines de Louqsor. Ceux qui ont pensé que ces ruines appartenaient à un seul édifice, se sont récriés sur ce que la première enceinte, la colonnade qui la suit vers le sud, et la grande construction ensuite, sont disposées sur trois axes différents, variant d'un angle de 46 degrés 21 minutes (extrémité méridionale) à un angle de 58 degrés (extrémité nord) avec le méridien magnétique. Mais ces diverses constructions ont été faites isolément l'une de l'autre, par plusieurs rois et à des époques différentes. Ces circonstances historiques ont été déterminées sur les lieux mêmes par CHAMPOLLION LE JEUNE, et il s'en exprime ainsi dans une lettre datée de Biban-el-Molouk, territoire de Thèbes, le 25 mars 1829 :

« Notre travail sur *Louqsor* a été terminé (à très-peu-près) avant de venir nous établir ici à *Biban-el-Molouk;* et je suis en état de donner tous les détails nécessaires sur l'époque de la construction de toutes les parties qui composent ce grand édifice.

«Le fondateur du *palais de Louqsor*, ou plutôt *des palais de Louqsor*, a été le pharaon *Aménophis-Memnon* (Aménothph III) de la XVIIIe dynastie. C'est ce prince qui a bâti la série d'édifices qui s'étend, du sud au nord, depuis le Nil jusqu'aux 14 grandes colonnes de 45 pieds de hauteur, et dont les masses appartiennent encore à ce règne. Sur toutes les architraves des autres colonnes ornant les cours et les salles intérieures, colonnes au nombre de 105, la plupart intactes, on lit, en grands hiéroglyphes d'un relief très-bas et d'un excellent travail, des dédicaces faites au nom de ce roi *Aménophis.* Je mets ici la traduction de l'une d'elles, pour donner une idée de toutes les autres, qui ne diffèrent que par quelques titres royaux de plus ou de moins :

«= La vie! l'Hôrus puissant et modéré, régnant par la justice, l'organisateur de son pays, celui qui tient le monde en repos, parce que, grand par sa force, il a frappé les Barbares; le roi (Seigneur de justice), bien aimé du Soleil, le fils du Soleil (AMÉNOPHIS), modérateur de la région pure (l'Égypte), a fait exécuter ces constructions consacrées à son père Ammon, le dieu seigneur des trois zones de l'univers, dans l'Oph du midi (1); il les a fait exécuter en pierres dures et bonnes, afin d'ériger un édifice durable, c'est ce qu'a fait le fils du Soleil AMÉNOPHIS, chéri d'Ammon-Ra. » = Ces inscriptions lèvent donc toute espèce de doute sur l'époque précise de la construction et de la décoration de cette partie de Louqsor; et c'est aux 14 grandes colonnes que finissent les travaux du règne d'Aménophis, sous lequel ont cependant encore été décorées la 2e et la 7e des deux rangées, en allant du midi au nord; les bas-reliefs appartiennent au règne du roi *Hôrus*, fils d'Aménophis, et ceux des 4 dernières au règne suivant ».

Ainsi la grande construction de Louqsor, de A en B de notre plan, fut l'ouvrage du roi Aménophis III, de la XVIIIe dynastie égyptienne, celui à qui les Grecs donnèrent le nom de *Memnon*, dont la statue colossale avait le don merveilleux, disent des anciens, de faire entendre des sons au lever du soleil, et son règne dura de l'an 1687 à l'an 1657 avant l'ère chrétienne.

(1) C'est-à-dire la partie méridionale de la portion de Thèbes (Amon-Ei) sise sur la rive droite du Nil.

Champollion le jeune continue ainsi la description des ruines de Louqsor :

« Toute la partie des édifices de Louqsor, au nord des 14 colonnes, est d'une autre époque, et formait un monument particulier, quoique lié par la grande colonnade à l'*Aménophion* ou palais d'Aménophis. C'est à Rhamsès-le-Grand (Sésostris) que l'on doit ces constructions, et il a eu l'intention, non pas d'embellir le palais d'Aménophis, son ancêtre, mais de construire un édifice distinct ; ce qui résulte évidemment de la dédicace suivante, sculptée en grands hiéroglyphes au-dessous de la corniche du pylone, et répétée sur les architraves de toutes les colonnades que les cahuttes modernes n'ont pas encore ensevelies :

« = La vie ! l'Aroëris, enfant d'Ammon, le maître de la région supérieure et de la région inférieure, deux fois aimable, l'Hôrus plein de force, l'ami du monde, le roi (Soleil gardien de vérité, approuvé par Phré), le fils préféré du roi des dieux, qui, assis sur le trône de son père, domine sur la terre, a fait exécuter ces constructions en l'honneur de son père Ammon-Ra, roi des dieux. Il a construit ce Rhamesséion dans la ville d'Ammon, dans l'Oph du midi. C'est ce qu'a fait le fils du Soleil (le fils

CHÉRI D'AMMON RHAMSÈS); vivificateur à toujours (1). = »

« C'est donc ici un monument particulier, distinct de l'Aménophion, et cela explique très-bien pourquoi ces deux grands édifices ne sont pas sur le même alignement, défaut choquant remarqué par tous les voyageurs, qui supposaient à tort que toutes ces constructions étaient du même temps et formaient un seul tout, ce qui n'est pas. »

Ainsi l'édifice plus au nord que la grande colonnade (de B en C du plan) fut construit par Rhamsès-Sésostris, l'un des plus illustres rois de l'Égypte, législateur et conquérant, dont l'antiquité se plaît à célébrer la gloire, qui fut aussi l'un des princes de la XVIIIe dynastie, et commença vers l'an 1560 avant l'ère chrétienne un règne auquel on attribue une durée de 66 années.

Le *Rhamesséion*, palais de Rhamsès-Sésostris, fut donc entrepris près d'un siècle après l'*Aménophion* ou palais d'Aménophis-Memnon. Le fils de ce dernier, et son successeur, le roi Hôrus, fit terminer la sculpture de quelques-unes des grandes colonnes de l'Aménophion. Ménephtha Ier, second successeur de Hôrus, et l'Éthiopien

(1) Les mots entre deux parenthèses indiquent ici, comme dans l'inscription déja citée, le contenu des cartouches prénom et nom-propre des rois.

Sabacon de la XXVe dynastie, y firent quelques embellissements; le fils d'Alexandre-le-Grand, dont le règne éphémère est inscrit sur les monuments de l'Égypte, inséra un petit sanctuaire dans le grand (au point T du plan); enfin un des Ptolémées ordonna une légère réparation à une architrave, et chacun de ces princes consigna, dans une inscription qui existe encore, ces soins de sa piété ou ces prétentions de sa vanité.

Le *Rhamesséion*, édifice au nord des grandes colonnes, est donc un des ouvrages de Sésostris : on n'y observe que quelques faibles réparations faites aussi au nom de l'Éthiopien Sabacon et de Ptolémée Philopator. L'entrée du Rhamesséion est majestueusement annoncée par deux *Obélisques* élevés en avant du pylone; c'est l'un de ces obélisques qui est l'occasion et le sujet de cette Notice.

§ II.

Des obélisques en général.

L'*Obélisque*, en parlant de ceux de l'antiquité, est un long prisme (1) en pierre dure, d'un seul morceau, de forme quadrangulaire, et se rétrécissant insensiblement de la base au sommet, qui se termine en pyramide. On ne doit pas, et on l'a fait souvent, même chez les anciens, confondre l'obélisque avec la *pyramide*, dont la base et la hauteur se rapprochent davantage dans leurs proportions; ni avec la *stèle*, nom qui fut commun en Égypte, 1° à des dalles plus hautes que larges, carrées par la base et les deux côtés, cintrées par le haut, et destinées à recevoir des inscriptions; 2° à des monuments qui ont les formes de l'obélisque, mais qui sont comparativement de très-petites proportions. La célèbre pierre portant une triple inscription, trouvée à Rosette, et le petit obélisque de Philæ, élevé en l'honneur de Ptolémée Évergète II et transporté à Londres, sont des stèles.

Les obélisques sont d'invention égyptienne,

(1) Nous employons le mot *prisme* faute d'autre; on pourrait dire aussi *pyramide allongée et tronquée, fût de granit, etc.*

particuliers à l'Égypte, et les ouvrages les plus simples de l'architecture de ce peuple célèbre. Tous les obélisques égyptiens sont d'une seule pierre, ou monolithes, de granit rose tiré des carrières de Syène dans la haute Égypte, et il est impossible de dire à quelle époque le premier obélisque fut élevé. La tradition historique attribue des monuments de ce genre aux plus anciens rois (1); mais aucun des obélisques connus n'est antérieur à l'avénement de la XVIIIe dynastie égyptienne qui, en 1822 avant l'ère chrétienne, rétablit l'ancien ordre de choses en Égypte, après en avoir chassé les Hykshos, peuplade barbare qui avait conquis la basse Égypte et une partie de la haute en 2082, et les avait occupées pendant 260 ans. Il existe des obélisques de l'époque de plusieurs des princes de cette XVIIIe dynastie, et de leurs successeurs; la plupart des rois égyptiens en érigèrent. La fureur de Cambyse détruisit un grand nombre d'obélisques dans les principales villes, à Thèbes particulièrement. On dit aussi que, frappé de la magnificence et de la majesté d'un des obélisques élevés par le roi Rhamsès dans cette vaste cité, le farouche conquérant fit arrêter un incendie qui menaçait cet obélisque. Le roi qui le fit élever, pour ga-

(1) Hérodote, liv. I, chap. XLVI.

rantir la conservation de ce précieux ouvrage, et s'assurer des soins de l'architecte et des ouvriers employés à le dresser, avait fait attacher son fils au sommet de l'obélisque (1).

Si les rois grecs successeurs d'Alexandre en Égypte, les Ptolémées, n'exécutèrent pas de nouveaux obélisques, ils ornèrent avec les anciens les villes qu'ils fondèrent ou qu'ils agrandirent.

Quand l'Égypte fut réduite au rang de province romaine, Auguste comprit combien les dépouilles monumentales de l'Égypte pouvaient répandre d'éclat sur la *ville éternelle*, et il fit transporter à Rome les deux obélisques d'Héliopolis. Caïus Caligula en demanda un troisième, et, au rapport de Pline, la mer n'avait jamais porté un vaisseau d'aussi colossales dimensions que celui qui fut construit pour cette entreprise. D'autres empereurs imitèrent l'exemple d'Auguste; onze obélisques entiers et les fragments de plusieurs autres subsistent encore à Rome; on en trouve aussi à Velletri, Bénévent, Florence, Catane, Arles; Constantin et Théodose en ornèrent l'hippodrome et le palais impérial de Constantinople. Des préfets romains en Égypte y firent faire des obélisques où leurs louanges étaient écrites en caractères hiéroglyphiques, et

(1) Strabon, liv. XVII, p. 1158. — Pline, liv. XXXVI, chap. IX. — Ammien Marcellin, liv. XVII, chap. IV.

les envoyèrent à Rome, où on les voit encore.

Le mot français *obélisque*, qu'on a familièrement remplacé par celui d'aiguille, est le latin *obeliscus* et le grec *obeliscos*, diminutif de *obelos*, broche. Le mot obélisque, ὀϐελισκος, signifie donc *petite broche*, *brochette*, et l'on attribue aux Grecs d'Alexandrie, hommes d'un esprit caustique et malin, d'avoir donné cette singulière dénomination à ces masses colossales de granit : Hérodote les nommait *broches de pierre*, ὀϐελοὺς λιθίνους.

Tant qu'on ignora la véritable destination des obélisques, l'esprit de système ne s'épargna pas pour la deviner au moyen des plus arbitraires étymologies de ce simple mot grec. On le dériva donc tout droit de l'hébreu *ob-el*, nom d'un prétendu serpent sacré, ou *serpent soleil ;* d'où la consécration des obélisques au soleil (1). Le P. Kircher inventa des textes coptes pour prouver que les Égyptiens nommèrent les obélisques *doigts du soleil*, et cette invention trouva du crédit auprès de quelques écrivains (2). On y a vu aussi des colonnes ou autels des dieux, des rayons du soleil, des gnomons, ou des symboles du cours de cet astre. Il reste de tout cela le mot vulgaire avec son origine grecque ; et quant

(1) Bryant.

(2) Delacroix le voyageur; Daviler architecte; Chambers; l'Encyclopédie anglaise.

à la dénomination égyptienne des obélisques, il ne subsiste qu'un seul renseignement sur lequel il soit permis d'asseoir une conjecture probable : c'est le 24e verset du chap. XXIII de l'*Exode*, où Dieu ordonne à Moïse de détruire les ouvrages de ses ennemis, et de ne pas adorer leurs dieux; et là où la Vulgate ajoute *et confringes statuas eorum*, et tu briseras leurs *statues*, l'hébreu et le grec des Septante expriment l'idée de *stèles*. Mais la version égyptienne écrit *han djeri anschai* mot à mot *les colonnes écrites*, ce qui peut s'entendre des *obélisques* (1). Leur nom égyptien serait donc *djeri anschai*, colonne écrite.

La figure de l'obélisque est aussi un signe de l'écriture égyptienne : 1° *figuratif*, c'est-à-dire exprimant l'idée même de l'obélisque, et se lisant *djeri anschai*, l'obélisque, ou *han djeri anschai*, les obélisques, quand il y en a deux ou trois de figurés, comme marque du pluriel ; 2° *symbolique*, symbole du dieu *Amon*, tenant dans les textes écrits la place de la figure ou du nom de ce Dieu ; et dans ce cas, le signe symbolique *obélisque* est suivi du signe symboliqne de l'idée *dieu* qui le caractérise.

Les obélisques sont des monuments essentiel-

(1) Note manuscrite de Champollion le jeune en marge du *Zoëga*.

lement historiques, placés au frontispice des temples et des palais, annonçant par leurs inscriptions le motif de la fondation de ces édifices, leur destination et leur dédicace à une ou plusieurs des divinités du pays, et le nom du souverain qui les fit élever. Si plusieurs princes y concoururent successivement, les inscriptions des obélisques donnent les détails des constructions, des accroissements ou des embellissements exécutés par les soins de chacun d'eux, et par là, l'époque relative de chaque partie de l'édifice; enfin, ces obélisques eux-mêmes sont mentionnés dans ces inscriptions parmi les autres actes de la piété des Pharaons.

§ III.

Des obélisques de Louqsor.

Il n'entre pas dans le plan de cet écrit de rechercher dans les narrations de l'antiquité et dans celles du moyen âge les notions plus ou moins probablement relatives aux deux obélisques du palais de Louqsor. Hérodote et Pline, parmi les anciens, parlent des obélisques de Thèbes en termes trop généraux, pour qu'il soit possible de les appliquer plutôt aux obélisques de Louqsor qu'à ceux de Carnak, l'un de ceux-ci étant plus remarquable parce qu'il était plus grand.

Les relations des premiers voyageurs européens qui visitèrent l'Égypte, celles des écrivains orientaux et des missionnaires chrétiens dans le Levant, mentionnent fidèlement et unanimement les obélisques parmi les merveilles de la Thébaïde; mais on ne doit chercher dans ces écrits aucun renseignement technique, ni autre chose que les expressions d'une juste admiration. Le savant Zoëga, dans un ouvrage célèbre et spécial, n'a pas réuni moins de trente noms d'écrivains grecs ou latins, qui, depuis Hérodote, ont traité plus ou moins expressément de certains points utiles à l'étude des obélisques en général. On pourrait y ajouter un nombre au moins égal d'autres écrivains ou voyageurs, depuis le moyen âge jusqu'à la fin du dix-huitième siècle, depuis Benjamin de Tudèle jusqu'à Volney. Enfin, des obélisques sont figurés sur divers monuments antiques, tels que mosaïques, bas-reliefs, peintures, pierres gravées et médailles.

Mais, à l'égard des obélisques de Louqsor, Zoëga ne cite que quatre ou cinq voyageurs comme ayant recueilli et publié quelques notions importantes sur ces beaux monuments. Ces notions sont parfois très-diverses les unes des autres; mais du moins ceux qui les ont recueillies s'accordent à considérer ces deux obélisques comme les plus parfaits de tous pour la matière, le travail et la conservation.

Le P. Protais, missionnaire capucin, les vit en 1668; après lui, le P. Sicard, autre missionnaire en Égypte quarante ans plus tard, et plusieurs voyageurs apostoliques, tels que les PP. Charles-François d'Orléans, Vansleb, Albani et Joseph-Marie de Jérusalem. Norden, Bruce et quelques autres explorateurs de l'Orient les visitèrent aussi; mais Pococke (1), Granger (2),

(1) *Description of the East*, t. Ier, p. 97, 106 et 107.

(2) *Relation d'un voyage fait en Égypte en* 1730, pag. 54

Perry (1) et Savary (2) ont seuls consigné dans leurs relations quelques détails précis sur les deux monolithes.

« Rien ne donne, dit Savary, une idée plus grande de la magnificence de l'édifice de Louqsor que deux obélisques qui lui servaient d'ornement. Formés chacun d'un seul bloc de granit...., la dureté de la pierre les a préservés de l'injure de l'air; rien n'est plus majestueux que ces obélisques : l'Égypte est le seul pays où l'on ait exécuté de semblables ouvrages. » Savary ajoute à ces expressions des chiffres indiquant les mesures des monuments, telles qu'il put se les procurer.

Pour arriver à des renseignements exacts sur le matériel des deux obélisques de Louqsor, il faut descendre jusqu'à la fin du dernier siècle, à l'époque où le compas et le niveau furent enfin employés par l'archéologue, comme auxiliaires indispensables à la science des monuments de l'antiquité; ceux de l'Égypte ont été l'occasion des plus nombreuses et des plus utiles applications de cette nouvelle méthode d'observation, et c'est dans la *Description générale de Thèbes*, par MM. Jollois et Devilliers, ingé-

(1) *View of the Levant*, pag. 345.

(2) *Lettres sur l'Égypte*, t. II, pag. 128.

nieurs de l'expédition française en Égypte, que l'on peut avec confiance chercher les traits caractéristiques et généraux des deux monolithes de Louqsor.

Les gravures jointes à cette Description donnent une idée exacte de l'ensemble de ces monuments; le texte des inscriptions laisse, toutefois, quelque chose à désirer à l'égard de la scrupuleuse reproduction de leur partie graphique. Le général prussien Minutoli est passé à Thèbes en 1822; il a étudié aussi les obélisques de Louqsor et en a publié des copies, moins imparfaites, il est vrai, que celles qui font partie de l'ouvrage précité, mais où l'on remarque encore quelques omissions et quelques erreurs dans le texte des inscriptions hiéroglyphiques.

Depuis que l'Égypte est ouverte aux recherches des savants, d'autres voyageurs ont aussi étudié ses monuments; nous omettons de citer leurs ouvrages, qui ne nous ont procuré aucune donnée nouvelle, utile à notre dessein.

Le voyage de Champollion le jeune est à part de tous les autres; il travailla six mois consécutifs dans les ruines de Thèbes, releva toutes celles de Louqsor, le plan et les détails de ses monuments; il dessina de nouveau les deux obélisques; et, pour se faire une idée de l'utilité de ces dessins, il suffira de remarquer les nombreuses corrections ou additions faites par Champollion le jeune à la moins inexacte des gravures de ces obélisques publiées jusqu'ici.

La planche jointe à cet ouvrage (n° II) est donc la première qui donne une représentation exacte et complète de l'obélisque de Louqsor transporté à Paris ; elle a été gravée d'après le dessin original exécuté par mon frère : le monument lui-même témoignera publiquement de sa scrupuleuse fidélité.

Avant son séjour à Thèbes, aucun voyageur n'avait pu voir l'obélisque jusqu'à sa base, ni relever la fin des neuf inscriptions qui occupent les trois faces du monument numérotées 1, 3 et 4 sur notre planche.

La face n° 2 étant engagée dans des constructions modernes, le tiers de ses trois inscriptions était également inconnu et inédit.

Champollion fit fouiller et mettre à découvert la base de l'obélisque, et il compléta ainsi sa copie des inscriptions des trois faces 1, 3 et 4. L'abattage du monument mit la 2e au jour ; l'ingénieur français s'empressa d'envoyer la fin des trois inscriptions à mon frère, qui put aussi remplir la grande lacune de son dessin. Au mérite de l'exactitude la gravure jointe à cet ouvrage réunira donc celui de faire connaître pour la première fois toutes les parties inédites de l'obélisque de Louqsor, et d'en reproduire une figure complète, le dé compris.

§ IV.

Transport de l'obélisque à Paris.

On a déja rendu publics divers renseignements relatifs au projet de transporter à Paris un des obélisques existants en Égypte ; ces renseignements sont incomplets, et ne remontent pas à la véritable origine de ce *mémorable* projet, aujourd'hui si près de se réaliser. Nous consignons ici quelques données nouvelles et d'une authenticité indubitable : l'histoire des arts en France, pendant le dix-neuvième siècle, avait le droit de les réclamer.

Le désir d'avoir un ou plusieurs obélisques égyptiens à Paris était une conséquence naturelle de l'intérêt général que les monuments de même origine, et la découverte *mémorable* qui s'y rattachait, avaient universellement excité dans l'Europe savante. Le vice-roi d'Égypte permettait, avec une libéralité qui n'était pas sans quelque dédommagement pour lui, l'exportation des produits archéologiques de ses domaines, et il reconnaissait, par le don de quelques morceaux capitaux, les bons offices et les témoignages de bienveillance qu'il recevait des princes de l'Occident.

Au mois d'octobre 1828, je fus informé, par un des principaux fonctionnaires du ministère de la maison du roi, que le pacha d'Égypte avait donné à la France l'un des deux obélisques d'Alexandrie, dits de Cléopâtre, et l'autre à l'Angleterre. Je fus chargé, en même temps, de procurer à la maison du roi les renseignements nécessaires à l'accomplissement du projet de transporter à Paris cet obélisque d'Alexandrie. J'écrivis en conséquence, le 25 octobre, à M. Drovetti, consul général de France en Égypte, et à Champollion le jeune, qui y était arrivé dès le 18 août de la même année.

Le 10 *janvier* 1829, M. Drovetti voulut bien me répondre qu'un officier de la marine anglaise était venu, par l'ordre de son gouvernement, sonder le port neuf d'Alexandrie; qu'il avait reconnu que les obélisques ne pourraient être embarqués qu'au moyen d'une longue et large chaussée s'étendant du rivage jusqu'au point en mer où le bâtiment pourrait recevoir l'obélisque; que la dépense de cette chaussée s'élèverait à près de 300 mille francs, et que l'Angleterre paraissait, à cause de cette dépense, devoir renoncer au présent que lui faisait le vice-roi.

Le 10 *février* 1829, mon frère, qui était dans la haute Égypte quand ma lettre du 25 octobre

1828 arrivait à Alexandrie, m'écrivit de El-Melissah (entre Syène et Ombos) : « Verrions-nous enfin un obélisque égyptien sur une de nos places de Paris? Ce serait beau, et je suis déja reconnaissant de ce qu'on ne recule pas devant une telle entreprise. » *Le 12 mars*, il ajoutait, de Thèbes : « J'ai revu les beaux obélisques de Louqsor; on ne peut plus penser à emporter celui d'Alexandrie. »

Le 4 juillet même année, il m'écrivait encore de Thèbes : « Je suis bien aise que l'ingénieur anglais ait eu l'idée d'une chaussée de 300 mille francs pour dégoûter son gouvernement, et par contre-coup celui de France, de ces pauvres obélisques d'Alexandrie; ils font mal depuis que j'ai vu ceux de Thèbes. Si l'on doit voir un obélisque égyptien à Paris, *que ce soit un de ceux de Louqsor*; la vieille Thèbes s'en consolerait en conservant celui de Karnac, le plus beau et le plus admirable de tous; mais je ne donnerai jamais mon adhésion, dont on pourra, du reste, fort bien se passer, au projet de scier en trois un de ces magnifiques monolithes. Ce serait un sacrilége : tout ou rien.

« Sans dépenser 300 mille francs en préparatifs préliminaires, on pourrait mettre sur le Nil, chargé sur un radeau proportionné au poids, l'un des deux obélisques de Louqsor, et je désire que ce soit celui de droite, pour de bonnes raisons à moi connues, quoique le pyramidion en soit brisé et qu'il soit moins élevé que son voisin. Les hautes eaux de l'inondation l'emmèneraient à la mer jusqu'au vaisseau qui le chargerait pour l'Europe. Voilà le possible; si on le veut bien, cela s'exécutera, et il serait bien de mettre sous les yeux de la France un monument d'un ordre tel que cet obélisque de Louqsor, afin d'éclairer le goût du public à l'égard des colifichets auxquels nous donnons le nom pompeux de monuments publics, véritables décorations de boudoir, tout-à-fait à la hauteur des méticuleuses imitations des pauvretés du Bas-Empire. On a beau dire, le grand sera toujours dans le grand et pas ailleurs; les masses seules en imposent et frappent fort l'esprit et les yeux. Une seule colonne de Karnac est plus monument à elle seule que les quatre façades de la cour du Louvre, et un colosse comme celui du Rhamesséion, placé sur le terre-plein du Pont-Neuf, en dirait plus que trois régiments de statues équestres de la taille de celle de Lemot. C'est donc un des obélisques de Louqsor qu'il faut transporter à Paris; il n'y a rien de mieux, si ce n'est de les avoir tous les deux. »

La lettre de M. Drovetti et celle de mon frère

furent communiquées au ministère de la maison du roi; un extrait de la dernière fut ensuite rendu public.

Pendant son séjour à Alexandrie, en septembre, octobre et novembre 1829, Champollion le jeune combina, avec M. Mimaut, consul général, successeur de M. Drovetti, les moyens d'obtenir du vice-roi la cession à la France des deux obélisques de Louqsor; il en entretint le vice-roi lui-même, dans les diverses audiences que S. A. lui accorda; du lazaret de Toulon, le 4 janvier 1830, il rappelait encore à M. Mimaut la haute importance d'un tel projet, et huit jours après, le 12 janvier, il écrivait au ministre de la marine, à Paris, ce qui suit:

« Rade de Toulon, le 12 janvier 1830.

« Monseigneur, mon frère ne m'a point laissé ignorer l'intérêt que V. Exc. a bien voulu témoigner pour les résultats scientifiques de mes recherches en Égypte et en Nubie; je la prie de recevoir l'assurance de toute ma gratitude.

« Il m'annonce également que, par ordre de V. Ex., une commission s'occupe aujourd'hui de la rédaction d'un projet ayant pour but le transport à Paris de l'un des deux magnifiques *obélisques de Louqsor*. Je serais heureux de voir s'accomplir un vœu que j'ai formé tant de fois au pied de ces beaux monuments, pendant le long séjour que j'ai fait à Thèbes; et je crois de mon devoir de transmettre sur-le-champ à V. Exc. quelques notions importantes pour l'accomplissement de ce projet.

« Ces deux obélisques, monuments du règne de Sésostris, ne sont point également bien conservés; les grandes fouilles que j'ai fait exécuter pour en copier les inscriptions, m'ont convaincu que *celui de droite*, en entrant dans le palais, quoique son pyramidion soit brisé en partie, est infiniment préférable à celui de gauche, dont le bas est très-endommagé jusqu'à une grande hauteur au-dessus de la base. C'est donc l'*obélisque de droite* qu'il faut choisir pour orner notre belle capitale.

« Il est nécessaire également, en enlevant cet obélisque, d'emporter le *grand cube* de granit rose qui lui sert de base, et de s'assurer, en fouillant au-dessous de ce dé, s'il n'existe pas encore quelque autre socle inférieur, qu'on prendrait aussi, afin d'élever ce monument sur une de nos places publiques, avec tous ses accessoires primitifs, et de manière à ce qu'on voie enfin un obélisque tel que les Égyptiens avaient conçu ces sortes de décorations, qu'on défigure en Europe en les juchant sur de ridicules bases d'architecture romaine.

« Le palais de Louqsor est bâti sur un tertre factice, et l'*obélisque de droite*, le plus voisin du Nil, pourra être conduit au fleuve, peu éloigné, en profitant de cette pente : il faudra abattre, il est vrai, un assez grand nombre de maisons du village moderne ; mais ces cahuttes de boue pourront être facilement acquises à cinq cents francs la douzaine. Ce n'est donc point là une difficulté.

« Le poids de l'obélisque ne dépasse pas de beaucoup 400 tonneaux, et il suffit d'une de nos grosses gabares, telles que *le Rhinocéros* ou *le Dromadaire*, pour le conduire du rivage d'Égypte dans le port du Havre. La difficulté sera dans le transport du monument sur le Nil, de Thèbes à l'une des embouchures du fleuve, naturellement celle de Rosette. Il paraîtrait indispensable que la gabare partît de France avec toutes les pièces d'un *grand radeau* destiné à recevoir l'obélisque : l'Égypte manque totalement de bois de construction.

« Quant aux hommes nécessaires pour amener le monument du palais au Nil, les villages dispersés sur les ruines de Thèbes en fourniront un assez grand nombre, moyenant un salaire de *quatre sous* par jour.

« Quant au droit de disposer de l'un des deux obélisques, s'il n'est point déja acquis au roi, comme on me l'a affirmé, il suffira que notre consul général en Égypte, M. Mimaut, très-avancé dans la confiance du pacha, en dise un seul mot, et S. A. se fera un plaisir de tout permettre.

« Je souhaite que quelques-uns de ces divers renseignements puissent être utiles à la commission. Je serais heureux de contribuer ainsi à l'accomplissement d'un projet qui assurera à la capitale une nouvelle et si rare décoration, qui serait à la fois un monument éternel de la munificence du roi, et un témoignage que le zèle de ses ministres ne trouve rien d'impossible quand il s'agit de perpétuer la gloire de son nom.

« Qu'il me soit permis de solliciter une prompte décision de V. Ex., pour que la corvette *l'Astrolabe* soit chargée de transporter au Havre les monuments égyptiens qu'elle a à son bord, et que j'ai recueillis pour le Musée royal du Louvre.

« Veuillez agréer, Monseigneur, l'expression du respectueux dévouement avec lequel j'ai l'honneur d'être, etc. »

Cette lettre avait été écrite par suite des détails que M. le ministre de la marine m'avait donnés à la fin de l'année 1829, et que j'avais communiqués à mon frère, ainsi que l'invitation de la part du même ministre de lui adresser de suite tous les renseignements utiles, tirés de la connaissance des localités.

Il existait alors à Paris une commission chargée d'examiner les projets de transport des obélisques. Cette commission est mentionnée dans un rapport fait à l'Académie des sciences, le 21 mai 1833, par M. le baron Ch. Dupin, ainsi que dans la *Description des obélisques*, récemment publiée par M. le comte de La Borde. Les deux listes des membres de cette commission ne sont point semblables dans les deux écrits publiés; M. le baron Taylor n'est point nommé dans la liste donnée par M. Dupin; d'autre part, M. Dupin associe les démarches de M. le baron Taylor à celles de M. Mimaut auprès du vice-roi pour obtenir les deux obélisques, à une époque qui aurait précédé la formation même de la commission précitée.

Mais 1° cette commission fut instituée en 1829; 2° elle eut connaissance, en 1829 aussi, de la lettre de Champollion le jeune, écrite de Thèbes le 4 juillet même année; 3° au mois de janvier 1830, la lettre du même savant au ministre de la marine, expressément relative, comme la précédente, *aux obélisques de Louqsor*, était aussi sous les yeux de la commission; 4° M. le baron Taylor partit pour l'Égypte après le retour de Champollion à Paris, où ils se virent plusieurs fois; 5° il arriva à Alexandrie le 10 mai 1830, comme l'annonça le *Moniteur* du 27 juin suivant.

Il y a donc quelque confusion dans l'ordre successif de toutes ces circonstances, telles qu'elles sont rappelées dans les deux écrits nouvellement publiés.

Le 15 mars 1830, Champollion renouvelait ses instances auprès de M. Mimaut.

Le 6 juin suivant, M. Mimaut écrivait à Champollion en ces termes :

« Je peux vous rendre compte du complet et brillant succès d'une négociation dont vous êtes certainement le principal moteur, à laquelle vous me dites, dans votre lettre du 15 mars 1830, et vous m'avez dit tant d'autres fois verbalement, que vous preniez un si grand intérêt, et qui avait pour objet d'enrichir la France de ces deux obélisques de Louqsor dont vous avez fait connaître le mérite, et dont personne mieux que vous ne pouvait apprécier la valeur. Le pacha, qui est toujours prêt à montrer son dévouement à la France, et qui me donne personnellement des marques d'une bienveillance inépuisable, a cédé de la meilleure grace du monde aux instances que je lui ai faites pour avoir ces deux obélisques. Il existait une grande difficulté, vous le savez; mais vous m'aviez suggéré vous-même le moyen de la lever ; cette idée m'est revenue, comme une inspiration, au milieu des perplexités de Son Altesse, qui l'a accueillie avec empressement, et les deux obélisques ont été à nous. »

Avec les faits et les dates qui viennent d'être exposés, on peut résoudre, sans hésitation, cette question proposée par M. de La Borde : « A qui appartient l'idée de transporter en France l'un des deux obélisques de Louqsor? » L'équité dira le nom de Champollion le jeune.

La commission établie à Paris régla tous les détails relatifs au transport des obélisques, et un bâtiment, qui fut nommé *le Louqsor*, fut construit dans le cours de l'année 1830, sur le plan qu'elle proposa.

En septembre de la même année, un nouveau rapport fut demandé à Champollion le jeune, par M. le ministre de la marine ; il lui fut adressé en ces termes :

OBÉLISQUES ÉGYPTIENS A TRANSPORTER A PARIS.

« L'idée de transporter à Paris l'obélisque d'Alexandrie, vulgairement connu sous le nom d'*Aiguille de Cléopâtre*, avait été adoptée par l'ancien gouvernement, dans la simple intention d'orner la capitale d'une décoration nouvelle, et d'y ériger au moins un de ces monuments que l'Europe ne montre que sur les seules places publiques de Rome.

«Mais aujourd'hui le gouvernement national doit se proposer un but et plus élevé et plus grand. Il lui appartient de marquer ses premiers pas en éternisant la mémoire des glorieux triomphes de nos armées pendant les guerres de la république. Ces souvenirs, noble patrimoine de la génération qui, la première, a combattu pour la liberté française, attendent encore leur consécration par des monuments publics. Ce n'est point sans étonnement, par exemple, que l'étranger parcourt notre capitale sans y rencontrer quelque part un seul monument qui rappelle, même indirectement, notre étonnante campagne d'Égypte, et la conquête de ce pays célèbre, dans lequel notre armée a laissé des semences de civilisation qui germent déja et se développeront dans l'avenir.

«Aucun genre de monument n'est plus propre à perpétuer la mémoire de cette grande expédition qu'un ou plusieurs obélisques égyptiens, transportés dans la capitale de la France; et, sous ce rapport, *l'obélisque d'Alexandrie* ne remplirait nullement le but proposé.

« 1° Cet obélisque, d'abord, est très-inférieur dans ses proportions à la plupart de ceux de Rome. 2° Il est très fruste à la base, et deux de ses faces, au moins, sont tellement rongées par l'air salin de la mer, que toutes les sculptures en ont disparu à très-peu de chose près. 3° Enfin, son embarquement offre des difficultés plus grandes, en réalité, que celui des obélisques de Thèbes qui lui sont infiniment préférables.

« Tout concourt au contraire à appeler l'attention du gouvernement sur les deux magnifiques obélisques qui décorent l'entrée du palais de *Louqsor* à Thèbes. Ces monolithes qui, à eux seuls, feraient l'ornement d'une capitale, sont remarquables par la beauté de la matière, la grandeur des proportions, la richesse des sculptures qui les couvrent, le poli de leurs faces et leur admirable conservation.

« Sous le rapport historique, ce sont des monuments élevés à la gloire du plus célèbre des conquérants égyptiens, Sésostris, dont les inscriptions contiennent les louanges et énumèrent les travaux. Il serait beau que de tels obélisques devinssent, dans Paris, des monuments commémoratifs de nos victoires en Égypte.

« Leur place est naturellement marquée, soit aux deux côtés du fronton et en avant de la colonnade du Louvre, soit en avant du portique de la Madeleine, si, comme on l'espère, ce dernier édifice reprend son nom et sa destination de *Temple de la gloire* française. Ainsi employés, ces obélisques conserveraient leur caractère primitif, et produiraient l'effet le plus imposant et le plus grandiose.

« Le transport à Paris de ces deux monolithes est reconnu possible, et la gloire nationale est intéressée à ce qu'il soit exécuté.

« Situé sur une butte factice, le palais de Louqsor est à une très-petite distance du Nil; la pente même de la butte facilitera beaucoup le transport vers le fleuve, et l'embarquement des obélisques.

« L'ingénieur chargé de ces opérations trouvera sur les lieux tous les secours désirables en hommes pour mouvoir ses machines et pour tous les travaux préparatoires. Un habitant du pays, travaillant depuis le lever du soleil jusqu'à son coucher, est bien payé à raison de 4 sous de France par jour, sans aucun frais de nourriture quelconque.

« S'il devient nécessaire d'abattre plusieurs maisons du village, soit pour renverser, soit pour mener les obélisques au Nil, les frais d'achat de ces cahuttes, en simple limon, seront une somme tellement minime qu'il devient presque inutile de s'en occuper.

« A l'exception des hommes, soit pour manœuvrer les machines, soit pour creuser ou niveler le terrain, on ne trouvera à Thèbes aucune autre sorte de secours en ustensiles, en matériaux ou en instruments. L'ingénieur maritime doit donc s'en pourvoir et embarquer avec lui tout ce qui pourra être nécessaire pour l'exécution de son plan, cordages, planches, pièces de bois, leviers, ferrements, savon, etc., etc., etc.

« Quant aux vivres, le pays en fournit assez abondamment.

« La personne chargée de l'opération devra s'entendre avec les beys et cachefs, gouverneurs de la province et des divers cantons, pour l'époque à laquelle il voudra prendre à sa solde et employer les gens du pays, afin de ne point entreprendre son opération dans le mois où les paysans sont obligés de travailler les terres cultivées. Il s'exposerait à manquer de mains.

« Cette personne doit également se concilier, par des égards et quelques petits présents, les *chéïks* des principaux villages de Thèbes, qui sont *Karnac*, *Louqsor* et *Kourna* : les chéïks lui fourniront des travailleurs, distribueront eux-mêmes la solde aux ouvriers, et feront la police. On peut s'adresser avec confiance au chéïk de Karnac, nommé chéïk *Aouéda*, homme de sens, probe, ayant une grande influence dans le pays, et Français dans l'ame.

« Il est important de veiller constamment à ce que chaque ouvrier égyptien touche lui-même sa solde, et qu'il la reçoive immédiatement de ses *chéïks*. Il faut défendre à ceux-ci de remettre l'argent gagné par les ouvriers aux cachefs ou autres agents directs du pacha; la rapacité extrême de ces agents emploie toute sorte de moyens pour dépouiller les paysans du peu d'argent qu'ils gagnent à la sueur de leur corps. Il faut payer ces ouvriers directement, et ne point s'immiscer dans leurs querelles avec le fisc, et avec les autorités militaires chargées de la rentrée du tribut ou *miry*: on doit toujours être juste, mais ferme, avec les Arabes.

« Si, malheureusement, on devait se réduire à n'emporter qu'un seul des obélisques de Louqsor, il faut, sans aucun doute, prendre l'obélisque occidental, celui DE DROITE en entrant dans le palais. Le pyramidion a un peu souffert, il est vrai, mais le corps entier de cet obélisque est intact, et d'une admirable conservation; tandis que l'obélisque de gauche, comme je m'en suis convaincu par des fouilles, a éprouvé une grande fracture vers la base.

« En enlevant les obélisques, dont on déchaussera d'abord les bases, il devient indispensable d'emporter aussi les *dés* ou *piédestaux* sur lesquels ils sont placés; et s'ils ont en outre reçu un *soubassement* de quelque autre nature, il est nécessaire d'enlever ce soubassement, ou tout au moins d'en prendre les dimensions exactes, pour le reconstruire à Paris, et y montrer enfin des obélisques égyptiens avec tous leurs accessoires, et conservant leur destination et leur caractère primitifs. On évitera ainsi la faute commise jusqu'ici en Europe, de jucher ces beaux monuments sur une base ridicule d'architecture moderne, et de les dresser dans de vastes espaces qui les dévorent, et qui détruisent ainsi leur grandeur et toute leur majesté. » =

Au mois d'octobre même année (1830), *le Louxor* était prêt à prendre la mer; le commandement en fut donné à M. de Verninac de Saint-Maur, lieutenant de vaisseau, qui avait ramené d'Égypte, sur *l'Astrolabe*, Champollion et ses compagnons de voyage.

M. Lebas, ingénieur de la marine, fut chargé de tous les travaux de la mission.

Champollion écrivit encore à M. le ministre de la marine la lettre suivante, le 8 du même mois :

Monsieur le comte,

« J'apprends à l'instant que *le Louxor* n'est point encore parti de Toulon, et que ce départ ne peut s'effectuer que d'ici à quelques jours; je crois donc devoir appeler votre attention sur les considérations suivantes.

« Le Louxor, destiné à transporter les obélisques de Thèbes, est un bâtiment d'une construction telle, qu'il ne peut naviguer avec sûreté et sans l'escorte d'un bâtiment à vapeur dans la saison que nous allons prendre, la mer entre Candie et l'Égypte n'étant pas tenable pour cette sorte de navire, vers le mois de novembre.

« En supposant même que le Louxor arrivât sain et sauf à Alexandrie, au milieu de novembre, il faudrait encore une quinzaine de jours pour s'alléger de deux ou trois pieds : alors il ne serait plus possible de se présenter à l'embouchure du Nil, le boghaz de Rosette étant déja devenu impraticable à cette époque, même pour de bien moins fortes embarcations.

« Il serait donc convenable, pour la sûreté du bâtiment et la réussite de l'expédition, que le Louxor ne partît de Toulon que dans les premiers jours du printemps.

« Arrivés à Alexandrie, l'ingénieur maritime et le commandant du Louxor se rendraient de suite à Thèbes, au moyen d'un bâtiment du pays : l'ingénieur pour étudier le terrain, renverser les obélisques, et les conduire sur le bord du fleuve ; le commandant du Louxor, pour étudier *de visu* la navigation du Nil, et connaître par lui-même le lit du fleuve, afin de faire remonter ensuite le Louxor avec sûreté jusqu'à Thèbes, au mois de juillet, à l'époque des grandes eaux.

« Ainsi le Louxor partant de Toulon fin de mars, les mois de mai, juin et juillet suffiraient à l'ingénieur pour les travaux préparatoires; le Louxor remonterait le Nil en juillet, et l'embarquement étant opéré en août, le bâtiment chargé descendrait le Nil en septembre.

« J'ai l'honneur de soumettre ces vues à votre décision, et de vous prier, etc. »

Le 13 octobre, M. le ministre de la marine voulut bien adhérer à ces propositions, et répondre en ces termes :

« Paris, le 13 octobre 1830.

« Monsieur,

« J'ai reçu la lettre que vous m'avez fait l'honneur de m'écrire, le 8 de ce mois.

« Vous m'y entreteniez des difficultés qu'éprouverait la navigation du *Louxor*, si ce bâtiment était expédié dans cette saison pour Alexandrie, de l'impossibilité de lui faire remonter le Nil avant le printemps prochain, et de la convenance de le faire partir de Toulon seulement à cette époque.

« Je vous remercie beaucoup d'avoir bien voulu me transmettre, à ce sujet, les observations que vous ont suggérées votre zèle et la connaissance que vous avez acquise des lieux où le Louxor doit être conduit.

« J'ai donné des ordres pour que ce bâtiment soit retenu à Toulon jusqu'à la fin de l'hiver.

« Je recevrai avec reconnaissance toutes les communications que vous jugeriez utile de me faire, dans l'intérêt de cette expédition dont, mieux que personne, vous pouvez apprécier les difficultés.

« Recevez, monsieur, l'assurance de ma considération distinguée.

« Le ministre secrétaire d'état
de la marine et des colonies,

« Horace SÉBASTIANI. »

Au mois de mars 1831, *le Louxor* partit de Toulon, muni d'instructions en tout conformes aux vues proposées par Champollion, en ce qui touche aux obélisques et à leurs accessoires : c'est l'obélisque occidental de Louqsor qu'il avait désigné; c'est celui qui a été transporté en France

La navigation du Louxor ne fut que de 18 jours; la remonte du Nil présentant de grands obstacles à un bâtiment qui ne pouvait tirer moins de 6 pieds d'eau, il fallait attendre les eaux de l'inondation.

M. Lebas prit des *djermes* du pays, et appareilla d'Alexandrie le 12 juin 1831; il parvint, après avoir subi et surmonté bien des traverses, au village même de Louqsor, le 31 juillet.

Le 15 du même mois, M. de Verninac, parti d'Alexandrie, remorqué par le brick de guerre *le d'Assas*, mouillait devant la barre de Rosette. Le lendemain 16, à midi, après une manœuvre des plus hardies, il avait franchi cette barre en la *labourant*, et était amarré devant la grande place de Rosette. Dans sa relation de cette dangereuse navigation, M. de Verninac attribue à la fortune un succès qui n'est dû qu'à son habileté, secondée par le zèle des officiers, par la patience et la bonne volonté de l'équipage.

Le Louxor arriva le 17 juillet au Kaire, le 25 à Siout, et le 15 août au village de Louqsor. Tous les Français de l'expédition furent dès lors réunis, et dans une seule pensée, celle d'accomplir la mémorable mission confiée à leur dévouement.

Tous les bras y concouraient, quand le choléra vint les frapper. Les naturels furent atteints les premiers; mais, dès le 4 octobre, dix matelots du Louxor étaient en proie à l'épidémie. Les chefs de l'expédition lui opposèrent un régime plus sévère, beaucoup de sérénité, et une gaîté constante ; quinze Français furent malades ; M. Angelin, chirurgien de la marine, leur prodigua des soins infatigables : pas un ne succomba. Thèbes y perdit le septième de sa population indigène.

Les opérations furent continuées comme si le choléra n'avait pas été présent, et cette sécurité fut une sorte de préservatif.

L'obélisque fut abattu le 31 octobre 1831 ; il fut placé à bord du Louxor le 19 décembre suivant.

C'est à celui qui a dirigé avec tant d'habileté cette grande opération, à faire l'exposé des moyens qu'il a si heureusement employés. M. Lebas doit à l'histoire des sciences la relation de ses travaux et de ses succès.

« Lorsqu'on compare, a déja dit M. Ch. « Dupin, les difficultés qu'il fallait surmonter, « avec le zèle constant, l'esprit de ressource, « le génie inventif, le courage, la concorde, « l'amitié, qui font agir comme une seule fa- « mille tous ces Français qui veulent doter leur « patrie d'un monument digne de sa gloire, on « éprouve pour les auteurs de telles entreprises « un sentiment qui rend plus fier d'appartenir à « la France. »

Le Louxor quitta enfin la Thébaïde avec sa riche conquête, et se trouva de nouveau, le 1er octobre 1832, à Rosette, en présence des obstacles naturels que le Nil présente en cet endroit à la navigation ; ils furent aussi surmontés, et le bâtiment était de retour à Alexandrie le 2 janvier 1833.

Il en partit le 1er avril suivant, et rentra enfin dans la rade de Toulon le 11 mai, après avoir traversé l'Archipel, et mouillé dans diverses îles. M. de Verninac voulut bien me donner cette bonne nouvelle, en y mêlant des souvenirs dont je dois m'honorer.

« Rade de Toulon, le 11 mai 1833.

« Monsieur,

« Je vous annonce avec plaisir et à la hâte l'heureuse arrivée du *Louxor* à Toulon. Je crois devoir vous en instruire des premiers, parce que, j'en suis sûr, cette nouvelle vous intéressera plus que personne en France. Voilà une conception gigantesque de votre illustre frère accomplie; et le résultat heureux de notre opération a renouvelé toute la douleur que sa mort m'a causée, en pensant que lui seul, si digne appréciateur de la valeur de ce monument, serait le seul à ne pas jouir de sa vue à Paris. »

Le voyage du *Louxor* appartient déja à l'histoire littéraire de la France; elle dira combien les sciences, les arts et l'honneur national sont redevables à ceux qui ont dirigé avec tant de savoir et de succès cette mémorable et périlleuse entreprise; et la justice du roi acquittera, on n'en peut douter, cette dette de la patrie (1).

(1) Voici la suite de la navigation du Louxor: il partit de Toulon pour Paris le 22 juin; mouilla 1° à Gibraltar le 30 pour renouveler le charbon du bateau à vapeur *le Sphinx*, 2° au cap St.-Vincent, le 12 juillet, par la force du vent, 3° le 30 juillet à la Corogne pour s'approvisionner de charbon, et il entra à Cherbourg le 12 août; il en partit le 12 septembre; arriva à Rouen le 14 au matin; il est attendu à Paris pour la fin du mois de novembre.

§ V.

Description de l'obélisque transporté à Paris.

1. *Idée générale.*

L'entrée principale du palais de Louqsor, qui est tournée vers le septentrion, consiste, comme celle de tous les temples et palais égyptiens, en un *pylone*, composé de deux massifs pyramidaux entre lesquels une porte est ménagée; celle du palais de Louqsor n'a pas moins de 52 pieds de hauteur; elle est surmontée d'une corniche élégante; les pylones ont 18 pieds de plus d'élévation et 92 pieds d'étendue de chaque côté de cette porte (*Voyez* le plan des édifices de Louqsor, planche Ire, n° 1; *pylone* E, F; *porte* G.). Une inscription hiéroglyphique sculptée au-dessous de la corniche du pylone contient la dédicace du palais à la grande divinité de Thèbes (Voyez *suprà*, page 7, le texte de cette dédicace).

En avant du pylone étaient quatre statues colossales chacune d'environ 40 pieds de hauteur et d'un seul bloc, et en avant des deux colosses C et D, deux obélisques de granit rose (A et B) : voici la description sommaire de l'ensemble de ces monuments, écrite sur les lieux par Champollion le jeune.

« C'est devant le pylone nord du Rhamesséion (palais de Rhamsès-Sésostris) que s'élevaient autrefois quatre colosses, et les deux célèbres obélisques de granit rosse, d'un travail si pur et d'une si belle conservation. Ces deux masses énormes, véritables joyaux de plus de 70 pieds de hauteur, ont été érigées à cette place par Rhamsès-le-Grand, qui a voulu en décorer son *Rhamesséion*, comme cela est dit textuellement dans les inscriptions hiéroglyphiques.

« Je possède des copies exactes de ces deux beaux monolithes. Je les ai prises avec un soin extrême, en corrigeant les erreurs des gravures déja connues, en les complétant par les fouilles que nous avons faites jusqu'à la base des obélisques. Malheureusement il est impossible d'avoir la fin de la face ouest de l'obélisque de droite, et de la face est de l'obélisque de gauche : il aurait fallu abattre pour cela quelques maisons de terre et faire déménager plusieurs pauvres familles de fellah (1).

« Les sujets sculptés en bas-reliefs sur le *pylone* sont d'un très-grand intérêt historique. L'immense surface de chacun de ces deux mas-

(1) On a eu depuis les dessins de la partie de la face ouest de l'obélisque de droite; c'est aux soins de M. l'ingénieur Lebas que Champollion le jeune en fut redevable, ainsi que des dessins des bas-reliefs du dé qui porte cet obélisque.

sifs est couverte de sculptures d'un très-bon style, sujets tous militaires et composés de plusieurs centaines de personnages. *Massif de droite :* le roi Rhamsès-le-Grand, assis sur son trône au milieu de son camp, reçoit les chefs militaires et des envoyés étrangers; détails du camp, bagages, tentes, fourgons, etc., etc.; en dehors, l'armée égyptienne est rangée en bataille : chars de guerre à l'avant, à l'arrière et sur les flancs; au centre, les fantassins régulièrement formés en carrés. *Massif de gauche :* bataille sanglante, défaite des ennemis, leur poursuite, passage d'un fleuve, prise d'une ville; on amène ensuite les prisonniers.

« Voilà le sujet général de ces deux tableaux, d'environ 50 pieds chacun; nous en avons des dessins fort exacts, ainsi que du peu d'inscriptions entremêlées aux scènes militaires. Les grands textes relatifs à cette campagne de Sésostris sont au-dessous des bas-reliefs. Malheureusement il faudrait abattre une partie du village de Louqsor pour en avoir des copies. Il a donc fallu me contenter d'apprendre par le haut des lignes encore visibles, que cette guerre avait eu lieu en l'an V^e^ du règne du conquérant, et que la bataille s'était donnée le 5 du mois d'épiphi. Ces dates me prouvent qu'il s'agit ici de la même guerre que celle dont on a sculpté les événements sur la paroi droite du grand monument d'*Ibsamboul*, et qui porte aussi la date de l'an V. La bataille figurée dans ce dernier temple est aussi du mois d'épiphi, mais du 9 et non pas du 5. Il s'agit donc évidemment de deux affaires de la même campagne. Les peuples que les Égyptiens avaient à combattre sont des Asiatiques, qu'à leur costume on peut reconnaître pour des Bactriens, des Mèdes et des Babyloniens. Le pays de ces derniers est expressément nommé (*Naharaïna-Kah*, le pays de Naharaïna, la Mésopotamie) dans les inscriptions d'Ibsamboul, ainsi que les contrées de Schôt, Robschi, Schabatoun, Marou, Bachoua, qu'il faut chercher nécessairement dans la géographie primitive de l'Asie occidentale.

«Les obélisques, les quatre colosses, le pylone, et le vaste péristyle ou cour environnée de colonnes, qui s'y rattachent (H du plan), forment tout ce qui reste du Rhamesséion de la rive droite, et on lit *partout* les dédicaces de Rhamsès-le-Grand, deux seuls points exceptés de ce grand édifice, qui ont été restaurés postérieurement.»

Les deux obélisques frappent d'abord l'esprit du voyageur; on peut se faire une idée, quoique bien faible, de leur effet dans l'ensemble de ces immenses constructions, par les deux vues réunies sur notre Ire planche : le n° 2 représente le palais de Louqsor obstrué et défiguré par les maisons et les colombiers modernes ; le n° 3 est une vue restaurée de la façade du monument telle qu'elle était aux temps de la splendeur de l'Égypte.

Une carrière de granit rose de la plus belle qualité, située à Syène, vers la frontière méridionale de l'Égypte, à la première cataracte, a fourni la matière des deux obélisques. Ils sont tous deux d'un seul morceau ou *monolithes*. Les surfaces ont reçu un poli parfait et brillant ; les arêtes sont vives et bien dressées, mais les faces de l'obélisque ne sont point exactement planes. Elles ont à l'extérieur une convexité de 15 lignes, et si régulièrement exécutée, qu'on ne saurait y voir une méprise de l'architecte. Les Égyptiens, attentifs et minutieux observateurs des phénomènes naturels, s'étaient aperçus que, par l'effet d'une lumière brillante et de l'illusion que produit le contraste de parties voisines qui sont plus éclairées les unes que les autres, la surface parfaitement plane d'un obélisque devait paraître concave. La légère convexité que les Égyptiens donnaient à l'extérieur des faces des obélisques, prévenait donc cet inconvénient. Cette pratique est constatée à la fois par les deux obélisques de Louqsor (MM. Jollois et Devillier ont mentionné ce fait dans la *Description générale de Thèbes*, pag. 187 et 188), et par les obélisques Mahutæus et de Saint-Jean-de-Latran à Rome, comme le docte Zoëga en avait fait l'observation, consignée dans son grand ouvrage, pag. 132.

Les deux obélisques de Louqsor ne sont pas de dimensions parfaitement égales. Celui qui est à gauche est plus long, d'environ un mètre et demi, que celui de droite. Placés devant le même édifice, en pendant l'un de l'autre, et vus en même temps par l'observateur, cette inégalité devait le frapper désagréablement, inattentif qu'il était aux immenses difficultés que présentait l'extraction, d'une carrière de granit, d'un fût de 70 pieds et plus de longueur sur 7 à 8 d'équarrissage : l'art n'avait par lui-même aucune garantie de plein succès dans une pareille entreprise, et tant de hasards pouvaient la contrarier, qu'il n'y a plus qu'à admirer les prodigieux résultats qui nous restent encore de sa puissance. On employait le bloc de granit dans toute sa longueur, et comme elle était le principal mérite de ce genre de monument, on ne songea jamais à égaliser deux obélisques accouplés, en réduisant le plus long et le plus large aux dimensions plus petites de l'autre.

Les Égyptiens ne méconnurent cependant pas les inconvénients de cette inégalité de hauteur et de largeur de deux obélisques accouplés, et ils s'appliquèrent à la dissimuler partout ailleurs, sans doute comme ils le firent à Louqsor, 1° en plaçant le plus petit des deux obélisques sur un socle plus élevé que celui de l'autre; 2° en plaçant encore le petit obélisque plus en avant que le grand, forçant ainsi en quelque sorte ses dimensions et les rapprochant par de tels artifices, de celles du plus grand. Telle était à Louqsor la position des deux obélisques de Sésostris. Nous n'avons plus à nous occuper que de celui dont la munificence nationale et le zèle persévérant du gouvernement ont enfin doté la capitale de la France.

2. *Matériel de l'obélisque.*

On peut diviser l'obélisque en deux parties : 1° le prisme quadrangulaire ou fût, comprenant toute la partie du monument depuis sa base jusqu'au *pyramidion;* 2° le *pyramidion,* qui est la portion taillée en forme de pyramide et qui surmonte le prisme ou fût. Sur notre planche le pyramidion est figuré dans sa forme régulière; des points indiquent les altérations qu'il a pu subir dans cette forme et même dans sa hauteur par une cause qu'il faudra deviner, si on ne veut pas supposer qu'en élevant le monument, on passa sur l'inconvénient de l'altération des formes du pyramidion, afin de conserver à l'obélisque entier plus de hauteur.

On a d'ailleurs remarqué (et c'est à M. de Verninac que je suis redevable de ce renseignement entièrement neuf) que la base du pyramidion est un peu en retraite sur les quatre faces de l'obélisque : ce qui permet de supposer qu'un revêtement quelconque enveloppait le pyramidion et lui rendait sa forme régulière en hauteur et en largeur; il ne reste, toutefois, aucun exemple de ce procédé.

Voici les dimensions exactes de l'obélisque; M. l'ingénieur Lebas a eu l'extrême bonté de me les communiquer :

HAUTEURS.

	mètres.	cent.
Hauteur du prisme ou fût.......	20	89
— du *pyramidion* altéré....	1	94
Hauteur totale de l'obélisque.....	22	83

ou 70 pieds 3 pouces 5 lignes.

LARGEURS.

		mètres.	cent.
Base de l'obélisque.	face nord....	2	44
	— ouest....	2	42
	— sud......	2	42
	— est.....	2	42
Circonférence à la base de l'obélisque		9	70

ou 29 pieds 10 pouces 3 lignes.

		mètres.	cent.
Base du pyramidion.	face nord....	1	50
	— ouest....	1	58
	— sud......	1	50
	— est......	1	58
Circonférence à la base du pyramidion		6	16

ou 19 pieds 5 pouces 2 lignes.

RÉSUMÉ :

	pieds.	pouc.	lig.
Hauteur totale de l'obélisque...	70	3	5
Plus grande largeur *à la base* (*face* nord).....................	7	6	3
Plus grande largeur *à la base du pyramidion* (*faces* est *et* ouest)...	5	4	4

Le poids total du monolithe est évalué à 220,528 kilogrammes (4457 quintaux), et il est déduit de ses dimensions, qui donnent 84 m. 64 cubes de granit rose de Syène, dont la pesanteur spécifique est égale à 2,7 le mètre cube : avec le revêtement en bois pour le transport, le poids du monument arrive à 5000 quintaux.

L'obélisque, au premier aspect, paraît être dans un état parfait de conservation ; les anciens voyageurs qui ont vu Louqsor et mentionné ses obélisques, Pococke, Norden, Granger, Savary, n'ont pas même tous remarqué l'altération du pyramidion de notre obélisque ; et quand Savary rapporte que l'un des deux obélisques de Louqsor est fendu par le milieu et que l'autre est parfaitement conservé, il parle de l'obélisque de l'est pour la *fente*, qui est réellement une grande fracture. Notre obélisque lui avait donc paru parfaitement conservé. Il est vrai cependant qu'une rupture considérable existe dans le bloc ou monolithe, qu'elle se révèle dans toute sa largeur par une gerçure sur chacune des faces *est* et *ouest*, et que de la base elle se prolonge jusqu'au tiers environ de la hauteur. Cet accident remarquable ne fut pas ignoré des Égyptiens qui élevèrent l'obélisque, et ils n'en conçurent aucune inquiétude pour la solidité et la durée du monument. La ligne de rupture à sa base est figurée sous le n° 5 de notre planche II (de *y* en *z*); cette ligne est presque imperceptible vers le milieu; les Égyptiens lui opposèrent néanmoins quelques précautions. Avant de dresser l'obélisque, ils creusèrent dans sa base deux mortaises en queues d'aronde opposées, leur axe correspondant exactement avec celui de la rupture; ils placèrent dans chacune d'elles une clef en bois de même forme, enduite de mastic, enfoncée de force, et ces clefs ont suffi en effet pour empêcher jusqu'ici tout écartement des deux faces de l'obélisque (1).

(1) L'examen des constructions égyptiennes prouve l'u-

Pour l'abattre, M. Lebas, attentif comme les Égyptiens au moindre accident, a pris le parti d'armer le monolithe d'un revêtement en bois : cette précaution a suffi. On a reconnu à la base de l'obélisque abattu une légère croûte de sable gras, et elle n'offrait aucune solution de continuité; les repères tracés d'avance ont rendu le même témoignage : il n'y a pas eu le moindre écartement, et aucune partie de l'obélisque n'a travaillé par l'effet de la périlleuse opération si heureusement conçue, si habilement conduite par M. Lebas. Ainsi, et comme une singularité de plus de notre époque, qui est celle des plus étranges et des plus hardis mouvements de l'esprit humain, et à trente-trois siècles d'intervalle, des architectes égyptiens à Thèbes, et un ingénieur français qui défait et refait leur ouvrage, luttent, avec un égal succès, de science et d'ingénieuses inventions pour la conservation d'un des plus admirables ouvrages du génie des arts : et si l'on élevait encore à cette occasion la ques-

sage habituel de ces queues d'aronde en bois de sycomore pour lier entre elles les pierres de chaque assise. Cet usage ne fut pas inconnu dans l'Occident. Le mur dit des Sarrasins dans les Vosges, et qui est un ouvrage romain, en offre des exemples; et quant à l'obélisque de Louqsor, il sera utile de remplacer les clefs en bois qui sont tombées en poussière.

tion de prééminence des anciens ou des modernes, l'équité déciderait qu'il y a, dans l'histoire de l'obélisque de Louqsor, de la gloire pour les deux époques.

On remarque aussi à la base de l'obélisque deux cartouches sculptés en creux, surmontés de deux plumes et accompagnés d'un signe honorifique; ils contiennent en caractères hiéroglyphiques un nom propre et un prénom royal qui se lisent plusieurs fois sur l'obélisque; ils sont ici, comme on le verra plus bas, une très-curieuse donnée chronologique pour l'histoire de l'obélisque, et celle du prince dont il devait perpétuer la mémoire.

L'obélisque était posé sur un dé carré, en granit, dont la surface a été trouvée, par les fouilles, à 3^m.^ 80^c.^ au-dessous du sol actuel, et qui a été mis à découvert jusqu'à une profondeur de 1^m.^ 60^c.^ On a reconnu que ce dé a été dégradé par la nature, et il n'offre plus à l'extérieur qu'une croûte friable et scoriée. La face *sud* est ornée de quatre cynocéphales en relief; la face *ouest* est aussi occupée par un autre sujet sculpté, et il n'en reste aucune trace sur les côtés *est* et *nord* de ce dé. Cette singularité ne peut s'accorder avec l'esprit systématique des Égyptiens; on ne peut pas supposer à l'égard d'un monument public tel que l'obélisque de

Louqsor, un socle décoré sur deux côtés seulement, qui même ne se correspondent pas; il faut donc adopter l'opinion de M. Lebas qui, ayant remarqué: 1° que des 4 cynocéphales du bas-relief du sud, les trois premiers, en partant de la face *ouest*, sont sculptés à même dans le dé et que le quatrième est détaché et saille en dehors de la face *est* de 60 c. environ; 2° que la face *ouest* porte aussi un bas-relief; 3° que les *faces de l'obélisque ne sont pas parallèles* à celles de ce socle, en a conclu que le dé ne nous est point parvenu tout entier. Il nous manque donc les deux bas-reliefs des faces est et nord de ce dé; et pour ceux qui ont fait une étude attentive de la décoration des monuments égyptiens, il sera certain que les deux bas-reliefs qui ont disparu étaient, pour l'ensemble du sujet et l'ordre de la composition, semblables aux deux autres qui subsistent encore. On peut donc croire que le dé en granit de l'obélisque était symétriquement décoré, sur ses faces correspondantes, savoir *est* et *ouest*, des figures en pied du dieu Nil, faisant ses offrandes à Amon, divinité éponyme de Thèbes; *nord* et *sud*, des cynocéphales portant les noms et prénoms du Rhamsès qui avait élevé les obélisques. Ainsi ces bas-reliefs se rapportaient au grand dieu auquel les obélisques étaient consacrés, et au grand roi qui les fit ériger. Du reste, on doit espérer que l'étude du dé de l'obélisque oriental de Louqsor, qui appartient aussi à la France, éclaircira tous les doutes, et confirmera notre conjecture.

Le dé en granit était posé sur des constructions en pierres de grès, et la conservation du monument dans son état primitif jusqu'à nos jours en montre suffisamment la solidité. Tous les grands édifices égyptiens encore subsistants sont construits avec ce même grès; on le tirait des carrières de Silsilis, dont l'exploitation est historiquement prouvée pour des temps bien antérieurs à Sésostris.

Les socles devant être transportés à Paris avec l'obélisque, M. Lebas écrivait à ce sujet de Louqsor, le 24 août 1831, à Champollion le jeune : « En m'envoyant les instructions relatives à ma « mission dans la Haute-Égypte, M. le ministre a « eu la bonté d'y joindre les extraits de vos « rapports ; vous désirez qu'on enlève avec les « obélisques, les dés et soubassements, s'il y en a.

« Mais il résulte des dégradations que je viens « de vous signaler, qu'il ne convient pas d'em- « porter le dé de l'obélisque de droite ; dès « que le monolithe sera abattu, je me propose « de découvrir entièrement ce dé et d'en faire un « relevé exact ; par ce moyen on pourra, comme « vous le désirez, le reconstruire à Paris sur les

« mêmes dimensions ». Les mesures relevées par M. Lebas serviront en effet à cette restauration, si on trouve bon de l'adopter.

3. *Matériel des inscriptions de l'obélisque.*

Les quatre faces de l'obélisque sont couvertes d'inscriptions en caractères hiéroglyphiques (1). Un léger examen suffit pour faire voir que, sur chacune d'elles, les signes sont rangés symétriquement pour composer trois colonnes perpendiculaires, bien distinctes, et formant ainsi trois inscriptions, trois phrases sur chaque face. Cette distinction est encore plus tranchée par la manière dont chaque colonne a été exécutée; sur toutes les faces, les caractères de l'inscription du milieu sont sculptés, en bas-relief dans le creux, à une profondeur de plus de cinq pouces, et parfaitement polis; les hiéroglyphes des deux colonnes latérales ont une

(1) Les Égyptiens employèrent trois sortes de caractères d'écriture : pour les monuments, les signes *hiéroglyphiques*, dont chacun est la figure exacte d'une plante, d'un quadrupède, d'un oiseau, d'un objet quelconque de la création ou de l'industrie humaine; pour les livres et autres sujets relatifs à la religion, les signes *hiératiques* ou sacerdotaux, simple *tachygraphie* des hiéroglyphes; pour les contrats et les usages ordinaires de la vie, les signes *démotiques* ou populaires, simple abréviation des caractères hiératiques.

profondeur moitié moindre, et sont seulement piqués à la pointe. L'œil est satisfait d'une opposition qu'il saisit facilement et qui, par la variété des tons et des reflets, prévient toute confusion dans l'ordre et l'expression de ces signes nombreux, admirable tableau sculpté avec la dernière précision, et dans lequel chaque signe joint à la beauté et au fini du travail la plus grande pureté de dessin. Le nombre total des signes sculptés sur l'obélisque s'élève à 1600; ce sont autant de portraits fidèles des objets figurés, et l'on comprend que cette fidélité, cette science complète d'une iconographie qui pouvait embrasser tous les objets de l'univers matériel, était dans les inscriptions égyptiennes une condition essentielle et fondamentale, puisque chacun de ces signes avait un sens propre, absolu, et que toute incertitude sur la nature de l'objet figuré l'aurait privé aussitôt de son expression comme signe d'écriture, et aurait jeté de la confusion dans l'ordre et l'exposition graphique des idées. Cette condition essentielle de l'écriture sacrée égyptienne explique la perfection des sculptures hiéroglyphiques, et l'examen de celles de l'obélisque de Louqsor, exécutées sur une roche aussi dure, aussi solide, on pourrait dire inaltérable, composée d'au moins trois substances cristallisées, intimement adhérentes, et également rebelles au ciseau, doit nous donner une haute idée de l'art, des artistes et des procédés mécaniques auxquels nous sommes redevables d'un pareil monument.

Ses inscriptions nous en font connaître l'objet et la destination; la piété du prince illustre qui éleva le palais de Louqsor s'y révélait dès l'approche de cet édifice à la fois civil et religieux, et les deux obélisques y sont expressément figurés et mentionnés, ainsi que la vaste et somptueuse construction dont ils décoraient le frontispice.

Nous supposons, en parlant du texte des inscriptions, que l'obélisque conservera à Paris l'exposition qu'il avait à Louqsor. La face offerte la première aux yeux du spectateur qui approchait du palais égyptien, regardait le *nord* (n° 1 de notre planche), à sa droite la face *ouest* (n° 2), la face *sud* (n° 3), vers le palais; à gauche la face *est* (n° 4). La face *ouest* a été gravée la dernière.

En supposant donc que l'obélisque sera placé sur la place Louis XV, et que l'on voudra bien avoir égard à ce que firent les auteurs de ce monument, la face *nord* de l'obélisque sera tournée vers l'arc de triomphe de l'Étoile, la face *sud*, vers le palais des Tuileries. A ces conditions on ne s'exposera pas à méconnaître les motifs qui déterminèrent l'exposition primitive de l'obélisque.

4. *Texte des inscriptions.*

On peut diviser l'ensemble des inscriptions de chaque face de l'obélisque en trois parties.

1° Immédiatement au dessous du pyramidion, *le bas-relief des offrandes* qui occupe *toute la largeur* de chaque face.

2° En tête de chaque colonne d'hiéroglyphes, un encadrement surmonté de la figure de l'épervier symbolique, coiffé du pschent entier (1), et terminé en franges à sa partie inférieure; on peut donner à cet encadrement le nom de *bannière royale;* il renferme les titres honorifiques et variés des princes nommés dans les obélisques, et on le trouve figuré isolément à côté des rois égyptiens, dans des représentations de cérémonies religieuses ou civiles.

3° L'*inscription* proprement dite, dont les signes, divisés en trois colonnes parallèles, et écrits les uns au-dessous des autres isolément ou par groupes, forment trois inscriptions verticales qui se lisent de haut en bas.

On doit remarquer encore ce qui suit :

(1) Le *pschent* est le bonnet à mitre qui est la coiffure des rois d'Égypte, et qui, par les deux pièces qui le composent, est le symbole de leur autorité sur la Haute et la Basse-Égypte ; la mitre pour la première, et le pschent sans mitre pour la deuxième.

1° L'ordre de ces colonnes n'est pas arbitraire, pas plus que celui des idées exprimées par les signes qui les composent : quand les inscriptions ne concernent qu'un seul roi, l'une des trois colonnes est la première; les deux autres succèdent. Pour reconnaître la première, il suffit de voir de quel côté regardent les oiseaux ou les quadrupèdes figurés dans l'inscription; s'ils regardent à droite, la colonne de droite est la première, et celle de gauche la troisième; c'est le contraire si ces animaux regardent à gauche. Ce principe s'applique d'ailleurs à toutes les inscriptions et autres textes en écriture hiéroglyphique.

2° Si deux rois sont mentionnés dans les trois inscriptions d'une ou de plusieurs des faces d'un obélisque, l'inscription du milieu est la plus ancienne, et doit être interprétée isolément des deux autres. En général, un obélisque dont les quatre faces ne portent qu'une inscription médiale chacune, ne mentionne que le souverain qui le dédia; quand il y a trois inscriptions, c'est un roi postérieur à celui-ci, qui a fait ajouter les deux inscriptions latérales.

3° Quelques groupes de signes sont enfermés dans un encadrement dont les contours sont uniformes et réguliers. Ces encadrements se nomment *cartouches* et méritent une attention toute particulière, les cartouches donnant à tous les monuments où il s'en trouve une haute importance historique.

5. *Des cartouches en général.*

On a remarqué, il y a long-temps, dans les inscriptions en caractères hiéroglyphiques, des groupes de signes enfermés dans de petits encadrements composés de deux lignes verticales ou horizontales, arrondis par le haut et par le bas et posés sur une base rectangulaire. On a donné à cet encadrement le nom de *cartouche* ou de cartel. On peut le considérer comme une imitation du plat du *scarabée*, figuré de plein relief en toute sorte de matière solide, de dimensions diverses, et posé sur une plinthe elliptique, dont le dessous est ordinairement occupé par une inscription.

Le cartouche a une expression grammaticale qui lui est propre; il est le signe déterminatif des noms des souverains qui composèrent les nombreuses dynasties égyptiennes, divines et humaines. On trouve en effet enfermés dans les cartouches : 1° les noms propres des *divinités* ou *dynastes* qui furent considérés comme ayant gouverné l'Égypte, et le monde terrestre à l'origine des choses; 2° les noms propres et les prénoms royaux des rois et des reines qui régnèrent en Égypte, soit nationaux, soit étrangers (Éthiopiens, Persans, Grecs et Romains).

Les cartouches contenant des noms de rois ou de reines ajoutent à toute inscription égyptienne où il s'en trouve, un intérêt du premier ordre : il y a, en effet, dans chacun d'eux, une donnée historique certaine, le nom d'un souverain étant à lui seul une véritable date; souvent l'année même de son règne suit ou précède le cartouche; on détermine donc, par ces divers éléments, la date même du monument où ils sont tracés, ou celle des faits que l'inscription rapporte.

La figure seule du cartouche vide est un signe de l'écriture égyptienne ; il représente dans tous les textes l'idée du mot *nom*, et s'y lit phonétiquement RAN, *nomen*. Dans l'écriture hiératique, cette figure est abrégée par la forme de nos deux parenthèses, suivies de deux traits perpendiculaires qui la complètent. L'usage du cartouche, avec les diverses acceptions qui viennent d'être indiquées, se retrouve dans les textes égyptiens de toutes les époques; il ne cessa en Égypte qu'avec celui des écritures nationales.

Le plus ordinairement les cartouches sont accouplés, étant placés l'un à côté de l'autre ou de suite horizontalement, ou l'un au-dessous l'autre verticalement et séparés par un petit nombre de signes. Ceci s'explique par l'usage constamment suivi en Égypte, d'attribuer à chaque souverain deux noms, dont un rappelait celui de la famille d'où il était issu ; il était de fait son *nom propre;* et dont l'autre, conséquence légale de son avénement au trône, était son *prénom royal* ou dynastique, celui sous lequel il était inscrit dans les annales publiques, et que consacrait l'autorité des cérémonies religieuses (1).

Dans celui-ci, dans le prénom royal, c'est une idée religieuse qui dominait d'ordinaire ; le prince y est assimilé au dieu Soleil : *Soleil bienfaisant* ou *gracieux*, *Soleil gardien de la vérité*, etc., etc.; et ce cartouche prénom, composé de signes purement idéographiques, est caractérisé, 1° par la figure de l'*abeille* qui se voit toujours dans le groupe de signes précédant immédiatement ce cartouche ; 2° par le *disque* du soleil, qui est le premier des signes qu'on voit inscrits dans ce cartouche prénom.

(1) Il y avait aussi en Égypte un *sacre*, une intronisation religieuse des rois : c'est là qu'ils recevaient le prénom royal. L'inscription de Rosette n'est que le procès-verbal de cette cérémonie, célébrée à Memphis, à l'avénement de Ptolémée, fils de Philopator : il y fut surnommé *Épiphane;* dans les monuments antérieurs, il ne porte que le prénom *Eucharíste ;* il les a tous les deux après son sacre. J'ai exposé et expliqué ces circonstances historiques dans ma *Notice sur un papyrus égyptien*, publiée en 1823.

Dans le cartouche *nom propre*, les signes inscrits sont, en tout ou en partie, *phonétiques;* un groupe, formé de la figure d'une oie surmontée du disque du soleil, le précède; ce groupe signifie *le fils du Soleil*, autre qualification royale, et l'intérieur du cartouche donne le nom propre du roi, tel qu'il le reçut de sa famille.

On s'attacha à diversifier les *prénoms royaux* de manière à prévenir toute confusion de noms, de personnes et de temps; le même nom propre, au contraire, fut commun à plusieurs rois: il y eut des Rhamsès, des Aménophis; leurs cartouches *noms propres* ont entre eux des ressemblances sensibles dans la forme et l'arrangement des signes qui les expriment; mais leurs cartouches *prénoms* diffèrent essentiellement et ne peuvent être pris l'un pour l'autre. Une telle distinction ne doit point surprendre : l'Égypte fut dans tous les temps très-attentive à l'ordre et à la conservation de ses propres annales.

6. *Des cartouches de l'Obélisque. Ils désignent deux rois.*

On ne compte pas moins de quarante-huit cartouches sur le fût même de l'obélisque; ils sont placés dans un ordre facile à saisir :

Huit distribués deux à deux dans le tableau des *offrandes* gravé immédiatement au-dessous du pyramidion, sur chacune des quatre faces de l'obélisque;

Quarante dans le texte même des *inscriptions*, savoir, dix sur chaque face, distribués par séries de deux à chaque colonne médiale, et de quatre à chacune des colonnes latérales. Les cartouches gravés sur les diverses parties du piédestal sont en sus de ce nombre.

De ces quarante-huit cartouches, les uns contiennent les *prénoms royaux*, les autres les *noms propres*; ces deux sortes de cartouches étant en nombre égal sur l'obélisque, ils nous donnent vingt-quatre fois des noms et des prénoms de souverains de l'Égypte.

Ces cartouches accouplés ne se ressemblent pas tous : on y remarque distinctement deux variétés déterminées par l'espèce, l'ordre et le nombre des signes, et ces variétés nous avertissent que deux rois sont nommés dans les inscriptions de l'obélisque.

Ces deux variétés de cartouches sont représentées, isolées l'une de l'autre, sous les numéros 6 et 7 de notre planche II.

Le prénom royal n° 6 *a* est composé de quatre signes : le disque du soleil, le sceptre à tête de chacal, la figure assise de la déesse *Saté* (la Vérité), et le signe phonétique S; ils expriment les idées *Soleil, gardien de la vérité*.

Le nom propre n° 6 *b* renferme huit signes

phonétiques Á M N M R M S S, qui se lisent, en suppléant les voyelles omises, selon un usage constant, *Amon maï Ramsès*, et signifient *le chéri d'Ammon Rhamsès.*

Le prénom royal n° 7 *a* est exprimé par six signes : le disque du soleil, le sceptre à tête de chacal, la figure assise de la déesse *Saté* (la Vérité), encore le disque du soleil, et les signes de l'idée *approuvé par*. L'ensemble de ces signes exprime les idées : *Soleil, gardien de la vérité, approuvé par Phré (le soleil)*. Le nom propre n° 7 *b* est composé de six signes, la figure du soleil caractérisée par son disque sur la tête et qui se lit RE; la figure d'Ammon avec ses deux plumes sur sa tête, le signe M déja connu, une autre forme du M et celles de deux S : tout ceci se lit *Amon maï Ramsès*, et signifie *le chéri d'Ammon, Rhamsès.*

Cette analyse des deux cartouches accouplés nous fait donc connaître que deux rois sont mentionnés dans les inscriptions de l'obélisque. Tous les deux se nommaient *Rhamsès;* mais des qualifications tout-à-fait individuelles les distinguaient très-clairement l'un de l'autre, et non moins certainement des autres souverains de l'Égypte de la famille et du nom de Rhamsès.

Des deux *Rhamsès* mentionnés dans l'obélisque, le prénom de l'un était *Soleil Gardien de la vérité* (n° 6); et celui de l'autre, *Soleil Gardien de la vérité, approuvé par Phré* (n° 7).

Le nom propre du premier était *Amon mai Rhamsès* (le chéri d'Ammon, Rhamsès); celui du second était le même; mais la présence du cartouche prénom, dont chacun formait une dénomination très-distincte, prévenait, dans les annales publiques, toute confusion de temps, de faits et de personnages.

Les cartouches n° 6 se trouvent sur les monuments égyptiens des Calabsché, de Beit-Oually, de Karnac et de Louqsor; et les cartouches n° 7, à Ibsamboul, Calabsché, Derry, Ghirché, Ouady-Esséboua, en Nubie; au prétendu tombeau d'Osymandyas, à Karnac, Louqsor, Éléphantine, Abydos et Bubaste, en Égypte; sur les obélisques de Tanis, sur le Flaminien, les Sallustien, Mahutaeus et Médicis, à Rome; dans une inscription bilingue, hiéroglyphique et cunéiforme, à Nahar-el-Keb, en Syrie, près de l'ancienne Bérythus. Les deux rois que ces deux cartouches désignent, élevèrent ou agrandirent des édifices dont les ruines existent encore dans ces lieux divers; ils illustrèrent leur règne par ces travaux d'utilité publique.

Le cartouche n° 6 est celui du pharaon Rhamsès II, de la XVIIIe dynastie égyptienne, petit-fils de Rhamsès Ier, et que les Grecs appelèrent aussi Armaïs.

Le cartouche n° 7 désigne Rhamsès III, frère de Rhamsès II, fils de Ménephtha Ier et de la reine Twéa, le *Sésostris* de l'antiquité grecque et romaine.

C'est à Champollion le jeune qu'on est redevable, et depuis dix années, de la détermination de l'ordre dynastique de ces cartouches, et du nom des princes qu'ils désignent spécialement dans la série nombreuse et si variée des personnages qui composent les listes royales égyptiennes; un intérêt puissant nous porte à exposer ici les preuves de notre assertion.

Deux cartouches accouplés, en tout semblables à ceux que nous avons désignés par le n° 6, sont gravés sous le n° 112 du *tableau des signes* joint à la première édition du *Précis du système hiéroglyphique*, publié en 1824, et on lit dans l'Explication de ces *tableaux*, page 12, que ces cartouches sont ceux du pharaon *Rhamsès Armaïs*, de la XVIIIe dynastie. On lit aussi dans la *même page*, que les cartouches du même *tableau*, numérotés 114, et qui sont exactement notre n° 7 de l'obélisque, appartiennent à *Rhamsès Sésostris*.

Ces mêmes cartouches, avec ces mêmes numéros, et leur attribution dans les mêmes termes, à Rhamsès Armaïs et à Rhamsès Sésostris, se retrouvent encore dans la deuxième édition de ce même *Précis*, publiée en 1828.

A la page 229 de cet ouvrage (édition de 1824), Champollion dit textuellement : « La « légende de ce prince (de Rhamsès Armaïs) « se montre dans la colonne *médiale* des deux « faces de l'obélisque occidental de Louqsor « (celui de Paris); mais les colonnes *latérales* « de ces faces, comme les trois colonnes de la « troisième face de ce monolithe (1), offrent les « légendes de Rhamsès-le-Grand (*Sésostris*)... « Et il résulte (ajoute-t-il page 230) de la place « qu'occupent les deux légendes royales gravées « sur les obélisques de Louqsor, que le Rhamsès « dont nous trouvons le nom dans les colonnes « médiales (Armaïs) est *antérieur* à Rhamsès-« le-Grand (Sésostris (2). »

Dans la première *Lettre* de Champollion le jeune à M. le duc de Blacas, relative aux monuments historiques du Musée de Turin et publiée en 1824, notre cartouche n° 6, celui de Rhamsès Armaïs, est gravé sous le n° 16, et il est

(1) Il ne parle pas de la quatrième face, qui était alors cachée par des constructions modernes.

(2) Ces mêmes mots, cette même distinction des deux Rhamsès, se lisent aussi aux pages 279 et 280 de la deuxième édition du *Précis*, 1828.

écrit dessous : *Cartouche de Rhamsès II;* il est écrit aussi sous le cartouche n° 18 des planches de la même *Lettre*, et qui est notre n° 7 : *Cartouche de Rhamsès Sésostris.*

Dans les autres ouvrages de Champollion le jeune, imprimés et manuscrits, la même détermination, la même distinction des deux cartouches de Rhamsès II Armaïs, et de Rhamsès III Sésostris, y sont non moins clairement exprimées (1). Ses *Lettres écrites d'Égypte* en 1828 et 1829 mentionnent assez souvent ce Rhamsès II (2), plus souvent encore Sésostris

(1) Je cite aussi les ouvrages *manuscrits*, parce que la libéralité bien connue de l'auteur les laissait à la discrétion de tous ceux qui venaient les consulter. On en a cruellement abusé : des travaux du plus haut intérêt *ont disparu* de son cabinet; des copies de quelques autres ont été faites, et on en use audacieusement comme de découvertes propres. Un résumé public de tous ces plagiats, parfois bien malheureux, restituera bientôt à Champollion les fruits de ses recherches, et signalera en même temps à l'attention générale ceux qui, à l'égard de Champollion, oublient tout, excepté de le détrousser. Il y a aussi, dans la république des lettres, un pilori pour cet attentat à la propriété.

On trouve du moins un vernis de probité dans les ambitions qui se bornent au modeste désir de faire quelques pas vers la postérité, en se jetant en croupe du savant qui a payé de sa vie sa juste et durable renommée.

(2) Voyez XIe lettre, page 161; XIIe lettre, page 183; XXe lettre, pages 388 et 389.

Rhamsès III ; enfin, dans la lettre relative à l'édifice de Kourna à Thèbes (1), il annonce qu'il a remarqué, à la suite des cartouches du roi Ménephtha Ier, ceux d'un Rhamsès, « qu'il « ne faut pas confondre, dit-il, avec Rham-« sès III (Sésostris). Une série de faits incon-« testables, recueillis dans les monuments origi-« naux, m'ont démontré, ajoute-t-il, que ce « nouveau Rhamsès, le Rhamsès II du canon « royal, succéda immédiatement à Ménephtha Ier « son père, et fut remplacé, après un règne fort « court, par son frère Rhamsès III le Grand, « qui est le Sésostris de l'histoire. »

L'ordre de succession de ces trois princes fut donc Ménephtha Ier, Rhamsès II et Rhamsès III ; il est ainsi énoncé dans le *Prospectus* publié en 1831, et dont le manuscrit, tout entier de la main de Champollion, existe encore ; c'est donc à lui qu'appartiennent la détermination nominale et dynastique des cartouches inscrits sur l'obélisque français, ainsi que leur attribution, savoir : le n° 6 de notre planche, à Rhamsès II Armaïs, le n° 7 à Rhamsès III Sésostris, qui succéda à Rhamsès II, successeur de Ménephtha Ier, tous les trois de la XVIIIe

(1) XXe lettre, de Thèbes (palais de Kourna), le 6 juillet 1829, page 388 de l'édition.

dynastie égyptienne. Cette conclusion a pour elle trop d'évidence, et trop de témoignages la corroborent à la fois pour nous arrêter à l'examen de récentes prétentions qui ne pourraient avoir quelque crédit dans le monde savant que si tous les travaux de Champollion le jeune étaient oubliés ou détruits.

Les deux variétés de cartouches accouplés une fois reconnues, il nous reste à tirer de la place que chacune d'elles occupe sur l'obélisque, les données intéressantes et singulières qu'elles fournissent à son histoire.

Les cartouches n° 6, ceux de Rhamsès II, existent dans le bas-relief des offrandes et dans l'inscription *médiale* de chacune des faces 1, 3 et 4 de l'obélisque; ils ne se trouvent sur aucune autre partie du monument.

Les cartouches n° 7, ceux de Rhamsès III Sésostris, se lisent dans les deux inscriptions *latérales* de ces mêmes faces 1, 3 et 4; ils se trouvent dans le bas-relief des offrandes ainsi que dans les *trois* inscriptions de la face n° 2; Rhamsès II n'est point nommé sur cette même 2e face.

On trouve encore les cartouches de Sésostris,

1° Sur le plan de la base même de l'obélisque; il est reproduit sur notre planche II, n° 5;

2° Sur les bas-reliefs qui ornent encore les

faces ouest et sud (2 et 3) du dé en granit rose de l'obélisque;

3° Dans l'inscription qui décore le soubassement en grès sur lequel ce dé de granit était posé.

Ainsi les cartouches de Rhamsès II et ceux de Rhamsès III se trouvent ensemble sur les faces 1, 3 et 4 de l'obélisque; et le cartouche de Rhamsès III seul existe sur la face n° 2 et le plan de la base du monument, sur les bas-reliefs et les autres parties du dé qui le porte.

En considérant que les deux rois nommés dans les cartouches étaient frères, et se succédèrent dans l'autorité royale; que le nom du premier des deux, celui de Rhamsès Armaïs, occupe les colonnes médiales des trois faces de l'obélisque, et celui du second, Rhamsès Sésostris, les colonnes latérales de ces mêmes faces et la quatrième face tout entière; que le cartouche de ce même Sésostris, gravé sur le plan de la base du monolithe, n'a pu l'être qu'avant qu'il fût dressé sur son piédestal; enfin que toutes les parties de ce piédestal portent le nom de ce même Sésostris, comme les trois inscriptions de la face n° 2, on connaît dans tout leur détail les circonstances relatives à l'origine et à l'édification de l'obélisque occidental de Louqsor; nous présentons ici sommairement les faits historiques qui s'y rattachent.

Ménephtha Ier, l'un des derniers rois de la dix-huitième dynastie égyptienne, eut pour successeur au trône son fils aîné, Rhamsès II (Armaïs). Selon un usage assez général en Égypte, ce prince portait le nom de son grand-père, Rhamsès Ier. Rhamsès II mourut après un règne de 15 années environ; et comme il ne laissait point de lignée, son frère fut revêtu de l'autorité royale et appelé aussi Rhamsès; il fut le troisième de ce nom; c'est le Sésostris des écrivains anciens.

Il subsiste encore un monument du plus haut intérêt pour l'histoire et la généalogie de ces trois princes, c'est le palais de Kourna à Thèbes. Les tableaux et les inscriptions qui le décorent nous apprennent que cet édifice, à la fois civil et religieux, fut fondé par Ménephtha Ier, d'où il fut appelé le *Menephtheum*. Ce prince en éleva les masses; ses deux successeurs en terminèrent les décorations, l'environnèrent d'une enceinte ornée de propylons, et y firent représenter les principales actions de leur règne. Le sacre de Rhamsès II, succédant à son père, est figuré dans la salle principale; et les sujets de l'intérieur du portique sont consacrés à la gloire de Rhamsès III; les dieux le dotent à l'envi d'une foule d'avantages terrestres. Enfin dans d'autres tableaux, Rhamsès II et Rhamsès III rendent à la mémoire et à l'image de Ménephtha Ier les honneurs qu'ils lui doivent comme *à leur père* et *leur prédécesseur* (1).

Un autre monument existant à Beit-Oually, en Nubie (2), offre l'histoire, en tableaux sculptés, des entreprises militaires de Rhamsès II en Asie contre les Arabes, et en Afrique où il soumet les Éthiopiens, les Bischari et des tribus de Nègres. Aux scènes variées de cette campagne mémorable, dont l'antiquité classique paraît avoir recueilli la tradition (3), succède le tableau des tributs nombreux et variés portés aux pieds du vainqueur, par les nations africaines qu'il a soumises. Elles lui offrent des chaînes d'or, des peaux de panthère, de l'or en poudre, des troncs de bois d'ébène, des dents d'éléphant, des plumes d'autruche, des meubles en matière précieuse, et des animaux vivants, les plus curieux de l'intérieur de l'Afrique, le lion, la panthère, des singes et la girafe : témoignages certains de l'influence égyptienne sur le continent africain, plus de quinze cents ans avant l'ère chrétienne. D'autres monuments du règne de

(1) Voyez la description du monument de Kourna, dans les *Lettres écrites d'Égypte et de Nubie*, par Champollion le jeune, pag. 381 et suiv.

(2) *Ibid.*, pag. 159 et suiv.

(3) Diodore de Sicile.

Rhamsès II existent encore en quelques cantons de l'Égypte; on en trouve partout du règne et de la gloire de Sésostris, son successeur.

L'obélisque de Paris rappelle en même temps les noms et les actions des deux rois; mais l'équité de l'histoire peut faire la part à chacun d'eux. C'est Rhamsès II qui fit extraire l'obélisque des carrières de Syène, qui le fit transporter à Thèbes, qui le destina à la décoration d'un grand édifice; et il est difficile de le désigner aujourd'hui. Ce ne fut pas celui de Louqsor, le nom de Rhamsès II n'est rappelé sur aucune des parties de ce palais. Serait-il, avec ses fondations, encore caché dans la terre, et, à cette supposition, faudrait-il en ajouter une seconde, en attribuant à ce roi la construction des masses principales du Rhamesséion de Louqsor, que Sésostris aurait décoré et terminé? Mais toutes les conjectures possibles seraient également oiseuses, chacune d'elles pouvant réunir en sa faveur une somme presque égale de probabilités.

Il est certain que les deux obéliques devaient consacrer par huit inscriptions et transmettre jusqu'à nous le souvenir de la gloire et de la piété de Rhamsès II; quatre de ces inscriptions furent seules terminées, trois sur l'obélisque transporté à Paris, une sur celui qui reste isolé à Louqsor. Comment ces chants de victoire furent-ils interrompus? La mort surprit Rhamsès II au milieu de ses trophées; ses victoires sur les *impurs* (les étrangers) y sont en effet mentionnées. Les obélisques sont donc postérieurs à ses campagnes en Asie et en Afrique, et ne peuvent appartenir qu'à la fin de son règne, qui fut d'assez courte durée.

Sésostris survint, qui édifia ou termina le Rhamesséion de Louqsor, adopta les obélisques commencés par son prédécesseur, employa à y rappeler sa propre gloire toute la place que la mort de Rhamsès II laissait inoccupée, c'est-à-dire trois faces entières de l'obélisque qui est encore à Louqsor, une face entière de l'obélisque de Paris, et sur chacune des trois autres faces terminées, comme sur la seule que le nom de Rhamsès occupait sur l'autre, la place nécessaire aux deux inscriptions latérales qui subsistent sur toutes les faces également.

Sur l'obélisque de Paris les travaux des deux rois sont ainsi distribués :

Faces { *nord*, *sud*, *est*, } { Rhamsès II, l'inscription médiale ; Rhamsès III, les deux inscriptions latérales. }

Face *ouest*, Rhamsès III, les 3 inscriptions.

De plus, Rhamsès III fit dresser cet obélisque et graver son nom sous le plan de la base, et sur toutes les parties du piédestal où ce nom pouvait être placé comme ornement ou comme renseignement historique.

Enfin, et pour multiplier encore ces renseignements pour une postérité qui devait s'étendre jusqu'à la génération présente, et qu'il était dans la destinée de la France de perpétuer par sa munificence, Sésostris fit écrire sur la face nord du monolithe laissé à Louqsor, que lui, seigneur de la région d'en haut et de la région d'en bas (la Haute et la Basse-Égypte), Germe (fils) des dieux et des déesses, *Seigneur du monde*, SOLEIL GARDIEN DE LA VÉRITÉ, APPROUVÉ PAR PHRÉ, *a fait ces travaux* (le Rhamesséion de Louqsor) *pour son père Amon-Ra*, *et* qu'il *a érigé* CES DEUX GRANDS OBÉLISQUES EN PIERRE devant le Rhamesséion de la ville d'Ammon (Thèbes)(1).

Sésostris termina donc ce grand ouvrage commencé par son prédécesseur, et ce concours de deux rois à l'achèvement de ces admirables monuments fournit pour leur histoire des notions chronologiques assez précises.

Le règne de Rhamsès II, qui fit commencer

(1) Voyez planche I, n° 4, *a* et *b*, le texte hiéroglyphique des deux phrases en italique; la traduction française est tirée des notes manuscrites de Champollion le jeune; elle est aussi dans ses *Lettres écrites d'Égypte et de Nubie*, page 215, lettre du 25 mars 1829.

ces obélisques, remonte à l'an 1580 avant l'ère chrétienne; il n'existe pas de monument avec des dates postérieures à la quatorzième année de ce règne qui finit bientôt après; ce fut donc vers l'an 1570 que ces obélisques furent entrepris par Rhamsès II, après qu'il eut châtié les *impurs* en Afrique et en Asie, comme le disent ses inscriptions.

Sésostris succéda à son frère vers 1565; il édifia ou continua le palais de Louqsor, et un tel ouvrage exigea bien des années; sur les bas-reliefs du pylone, qui est le frontispice même du palais, Sésostris fit sculpter en grand sa campagne contre les Asiatiques; et les inscriptions lui donnent pour date la cinquième année du règne de ce roi; les obélisques ne furent élevés qu'après ce pylone; on peut donc les supposer, dès l'an 1550, à la place où ils ont bravé, pendant près de 3400 ans, le temps et les hommes.

Qu'il nous soit permis de dire que leur destin est bien changé : monuments nationaux et sacrés sur les rives du Nil, ils ne seront plus, sur celles de la Seine, que des aiguilles de granit dont l'antiquité, l'origine et la magnificence peuvent concourir à l'éclat que les prodiges des arts répandent sur une civilisation éclairée.

7. *Texte des inscriptions hiéroglyphiques.*

Les traductions et sommaires qui suivent sont tirés des manuscrits de Champollion le jeune; nous avons borné nos extraits à ce qui peut plus particulièrement intéresser les lecteurs; et pour nous conformer à l'ordre de priorité des inscriptions hiéroglyphiques gravées successivement sur l'obélisque, nous ferons connaître d'abord celles qui concernent Rhamsès II, prédécesseur de Sésostris.

A. Inscriptions de Rhamsès II Armaïs.

Face nord (I). *Bas-relief des offrandes.* — Le dieu de Thèbes, Amon-Ra, est assis sur son trône; deux longues plumes ornent sa coiffure; il tient dans la main droite son sceptre ordinaire, et dans sa main gauche *la croix ansée*, symbole de la vie divine. Devant lui Rhamsès II est à genoux; sa tête est ornée de la coiffure du dieu Phtha-Soccaris, surmontée du globe ailé, et il fait au dieu Amon-Ra l'offrande de deux flacons de vin. Les cartouches noms et prénoms de Rhamsès II sont au-devant de son image, et les légendes d'Ammon entre ces cartouches et la coiffure du dieu. La courte inscription perpendiculaire à son sceptre est l'intitulé même du tableau : *Don de vin à Amon-Ra.*

Colonne médiale : a. Bannière. « L'Aroéris puissant, aimé de Saté. »

b. Inscription verticale. « Le seigneur de la « région supérieure, le seigneur de la région in« férieure, régulateur, seigneur de l'Égypte, qui « a châtié les contrées, Hôrus (dieu) resplen« dissant, gardien des années, grand par des « victoires, le roi du peuple obéissant, SOLEIL « GARDIEN DE LA VÉRITÉ, modérateur des modé« rateurs, engendré par Thmou dans..... avec « lui, pour exercer les pouvoirs royaux sur le « monde un grand nombre de jours pour..... « la ville d'Ammon (Thèbes)... le fils du soleil, « LE CHÉRI D'AMON RHAMSÈS. La vie! (ou vive!)

FACE SUD (3). *Bas-relief des offrandes.* — Le sujet de ce bas-relief est analogue à celui de la face nord. Le roi Rhamsès II fait au dieu Amon-Ra une nouvelle offrande de vin. Dans la *bannière* sont aussi exprimées des qualifications honorifiques du roi; l'*inscription* contient aussi les louanges de ce prince, ses mêmes noms et prénoms, les titres de *dieu resplendissant*, *gardien des vigilants*, l'invocation à Ammon, qui a ici le rang de *seigneur des dieux*, et elle rappelle que le roi a décoré un sanctuaire consacré à une divinité, et qu'il a en même temps honoré les autres dieux du même temple.

Ces circonstances permettent de présumer que Rhamsès II avait destiné les obélisques de Louqsor à un autre temple qu'à celui de ce lieu.

FACE EST (4). *Bas-relief des offrandes.* — Le même roi fait la même offrande au même dieu. Le vautour, emblème de la victoire, plane au-dessus de la tête du roi.

La *colonne médiale* de cette face est aussi de Rhamsès II. La *bannière* porte encore ses titres royaux ou religieux. Il en est de même de l'*inscription*, qui lui donne les titres de *gardien*, *grand des vainqueurs sur la terre entière*, *soleil visible*, etc.; l'inscription est terminée par le nom du roi, et le voeu *à toujours*.

B. Inscriptions de Rhamsès III Sésostris.

FACE NORD (1). Le *bas-relief* des offrandes appartient à Rhamsès II. *Colonne de gauche. Bannière.* « L'Aroéris puissant, gardien des vigilants (ou surveillants) = L'*inscription* rappelle la force et les victoires de Sésostris, et sa gloire dans la terre entière. Dans la *colonne de droite*, la *bannière* le qualifie de chéri de Saté (la Vérité), L'*inscription* dit que le monde entier a tremblé par ses exploits; elle l'assimile au dieu Mandou, dont elle le dit le fils.

Face ouest (2). Cette face de l'obélisque appartient tout entière à Rhamsès Sésostris. Rhamsès II l'avait laissée vide.

Dans le *bas-relief des offrandes*, Sésostris, coiffé du pschent complet, symbole de son autorité sur la Haute et sur la Basse-Égypte, et surmonté du globe ailé du soleil, fait au grand dieu éponyme de Thèbes, à Amon-Ra, l'offrande du vin.

Aux louanges d'usage, la colonne *médiale* ajoute que Sésostris est le fils préféré du roi des dieux, celui qui, sur son trône, domine sur le monde entier. On mentionne le palais qu'il a fait élever dans l'ôph du midi (la partie méridionale de Thèbes). Le titre de *bienfaisant* lui est donné dans l'inscription de *droite*, qui ajoute : « Ton « nom est aussi stable que le ciel; la durée de ta « vie est égale à la durée du disque solaire. » Sésostris porte dans la *bannière* de l'inscription de *gauche* le titre de chéri de la déesse Saté; et avec d'autres louanges très-ordinaires dans le protocole royal égyptien, cette inscription proclame Rhamsès III « l'engendré du roi des dieux « pour prendre possession du monde entier. » Les trois colonnes de cette face sont uniformément terminées par le cartouche nom propre du roi, le fils du Soleil, le chéri d'Ammon Rhamsès.

Face Sud (3). La *bannière* et l'*inscription* de la colonne de *droite* proclament Sésostris « l'Aroéris « puissant, ami de la vérité (Saté), roi modé- « rateur, très-aimable comme Thmou, étant un « chef né d'Ammon, et son nom étant le plus « illustre de tous. » Sur la colonne de *gauche*, on lit dans la *bannière :* « L'Aroéris roi vivant « des régions d'en haut et d'en bas, enfant d'Am- « mon ; » l'*inscription* donne à Sésostris le titre de roi directeur, mentionne ses ouvrages, et ajoute qu'il est « grand par ses victoires, fils préféré « du Soleil dans sa royale demeure, le roi (ses « prénoms et nom propre), celui qui réjouit « Thèbes, comme le firmament du ciel, par des « ouvrages considérables pour toujours. »

Face Est (4). La *bannière* de la *colonne de gauche* est remarquable par le grand nombre de signes qui composent sa légende ; elle signifie : « L'Aroéris puissant, le grand des vainqueurs, « combattant sur sa force. » L'*inscription* nomme Sésostris grand conculcateur, le seigneur des victoires, qui a dirigé la contrée entière, et qui est très-aimable. Enfin la *bannière* qui surmonte l'inscription de *droite* annonce que Sésostris est « l'Aroéris fort, puissant dans les « grandes Panégyries (assemblées civiles ou re- « ligieuses), l'ami du monde, et le roi modéra- « teur. » L'inscription ajoute, comme pour combler la mesure des éloges, qu'il est aussi « le prince des grands, jouissant du pouvoir « royal comme Thmou, et que les chefs des « habitants de la terre entière sont tous sous « ses sandales. »

C. Bas-reliefs du dé.

On a reproduit sur les faces *sud* et *ouest* de l'obélisque les deux bas-reliefs qui subsistaient encore au moment où ce monument a été abattu. L'explication de ces sculptures est tirée des mêmes sources que celle des inscriptions de l'obélisque.

« *Côté ouest.* Cette face du socle présente deux tableaux encore bien conservés. On a représenté dans chacun d'eux, sous la forme d'un personnage fort gras, et qui semble participer des deux sexes, le dieu Nil que les Égyptiens appelèrent en leur langue *hôpi-môu*, c'est-à-dire, celui qui a la faculté de *cacher* ou *retirer* ses eaux après en avoir couvert le sol de l'Égypte. La tête du dieu est surmontée d'un bouquet d'iris ou glaïeul, symbole du fleuve à l'époque de l'inondation.

La première figure de cette divinité (à droite) porte sur une table quatre vases contenant l'eau sacrée, et séparés en deux paires par un sceptre qui est l'emblème de la pureté des eaux du fleuve, présentées en offrande aux dieux de l'Égypte.

L'inscription verticale, tracée devant le dieu du Nil, contient la phrase suivante, que ce même personnage est censé adresser au premier des dieux égyptiens, à Ammon, le dieu spécial de Thèbes, auquel Sésostris avait consacré les obélisques. = Voici ce que dit le dieu Hôpi-môou (le Dieu-Nil) : « Je te fais l'offrande de ces vases « par les mains de ton fils, LE SOLEIL GARDIEN « DE LA VÉRITÉ, APPROUVÉ PAR PHRÉ. » Et ces derniers mots, qui forment le prénom royal ou mystique de Rhamsès-Sésostris, sont inscrits dans le cartouche horizontal placé au-dessus de l'offrande.

La deuxième inscription hiéroglyphique verticale (de droite à gauche) contient ces mots : = Voici ce que dit le dieu Hôpi-môou : « Je te fais « l'offrande de toutes sortes de biens purs par « les mains de ton fils, L'AMI D'AMMON RHAMSÈS. » Et ces derniers mots, qui forment le nom même de Sésostris, étaient inscrits dans un autre cartouche dont il reste des traces évidentes à la place correspondante à celle qu'occupe la précédente, au-dessus des offrandes portées par la seconde image du Dieu-Nil.

Ce personnage porte en effet, comme l'annoncent les paroles de l'inscription, toutes les espèces d'offrandes, telles que des pains, des fruits, des bouquets de fleurs et divers genres de comestibles contenus dans les quatre vases de formes semblables, et surmontés du sceptre de la pureté.

La troisième légende verticale est en tout pareille à la première, et se rapportait à une autre figure du Dieu-Nil offrant les quatre vases d'eau sacrée, comme dans la première.

On avait ainsi alterné, dans ce bas-relief, les images du dieu du fleuve présentant successivement l'offrande des boissons et celle des aliments solides.

« *Côté sud.* Quatre singes cynocéphales de haut-relief composent le sujet de ce côté du socle de l'obélisque; ils portent sur leur poitrine un pectoral sur lequel est aussi inscrit le prénom royal de Sésostris : SOLEIL GARDIEN DE LA VÉRITÉ; les trois autres cartouches, placés entre les cynocéphales, sont aussi le prénom royal ou le nom propre de ce prince (*l'ami d'Ammon, Rhamsès*).

Enfin une autre inscription orne les quatre faces du soubassement; j'en dois la récente communication à M. Hittorf, qui la tient de M. Lebas; et je me félicite de leur obligeance, qui m'a fait connaître une partie très-intéressante du monument.

Cette inscription, gravée au-dessous des bas-reliefs du dé, est la dédicace même des obélisques au grand dieu de Thèbes par Sésostris. Les cartouches qui renferment les noms du roi ont une forme singulière, et que je n'ai pas observée jusqu'ici. Chaque cartouche paraît double et se terminer également à droite et à gauche.

Ceci s'explique par la forme même de l'inscription, qui est double aussi, et qui présente deux fois le même sens, le même texte, dont l'un se lit de gauche à droite, et l'autre de droite à gauche. Le signe de partage est la *croix ansée*, signe on peut dire neutre par sa forme; il occupe le milieu de la face *nord*, nouvelle preuve à ajouter à celles qui m'ont porté à considérer cette face nord comme la première de celles de l'obélisque. C'est, en effet, sur cette face que commencent les deux inscriptions; elles finissent au point diamétralement opposé de la face *sud*, où l'on remarque quatre nouveaux signes *neutres* aussi par leur forme géométrique, le niveau, la croix ansée et les deux qui les précédent; ils appartiennent également aux deux inscriptions, et les terminent toutes deux.

On trouvera sur notre planche II, n° 8, le texte entier d'une des deux inscriptions dont j'ai rétabli quelques signes ou groupes incorrects (de la *croix ansée* jusqu'au *niveau* inclusivement). En voici la traduction :

«La vie! l'Aroéris, roi vivant, puissant, chéri de Saté, le seigneur de la région supérieure, le seigneur de la région inférieure, régulateur de l'Égypte, qui a châtié les contrées, l'Hôrus (Dieu) resplendissant, gardien des années, grand par ses victoires, le roi du peuple obéissant, *Soleil gardien de la vérité, approuvé par Phré*, a fait exécuter ces travaux pour son père Ammon-Ra, et a édifié ces grands obélisques *le chéri d'Ammon Rhamsès*, chéri de Thmou, pour toujours.»

Ainsi toutes les portions du soubassement de l'obélisque sont signées des titres royaux de Sésostris.

Ce prince illustra son nom et son règne par les éminents services qu'il rendit à son pays dans les camps comme dans la cité; il fut à la fois grand conquérant et sage législateur; il connut la véritable gloire, fondée sur le respect que la victoire impose aux ennemis, et sur l'amour que la prospérité de la patrie inspire aux citoyens; il l'enrichit de la dépouille de vingt peuples rivaux ou jaloux; il ajouta à toutes les merveilles de l'Égypte et de la Nubie, d'autres monuments non moins dignes de ce nom. Il voulut aussi, par des soins presque minutieux, s'assurer la gloire d'avoir érigé les deux obélisques de Louqsor, comme s'ils devaient, par leur inaltérable solidité, réaliser les promesses surhumaines que les prêtres de l'Égypte lui firent au nom de leurs dieux, qui ne sont déja plus. Les obélisques de Sésostris leur survivent depuis quinze siècles, et, par une ovation nouvelle, la civilisation moderne rajeunit à jamais et la gloire de Sésostris et l'antique illustration de l'Égypte. La France s'y emploie avec succès en les associant à sa propre renommée, et il entre dans l'accomplissement de ce devoir un juste sentiment de reconnaissance, car les sciences, source première de toutes nos prospérités, nous sont aussi, comme la lumière, arrivées de l'Orient.

FIN.

Pl. 1.

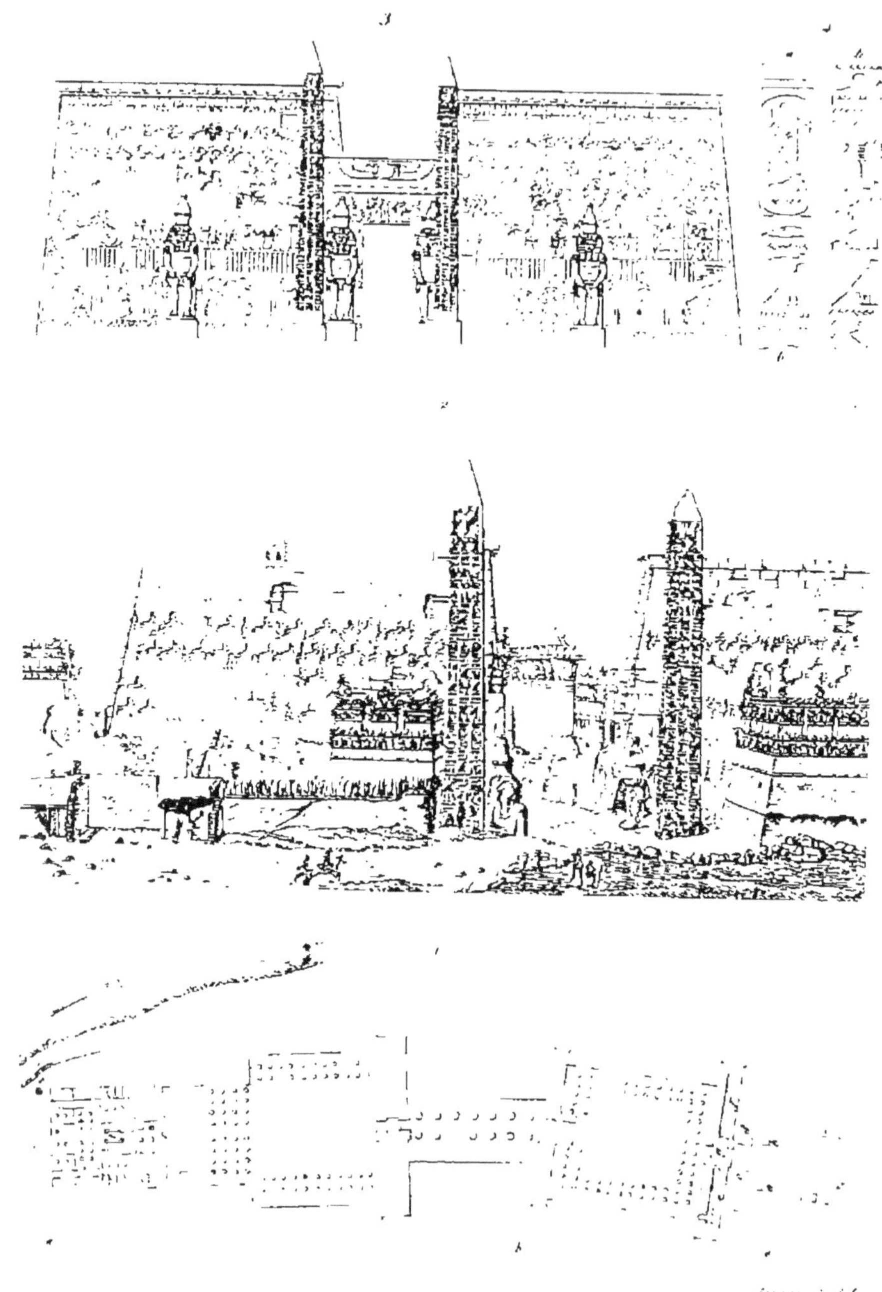

PALAIS DE LOUQSOR.

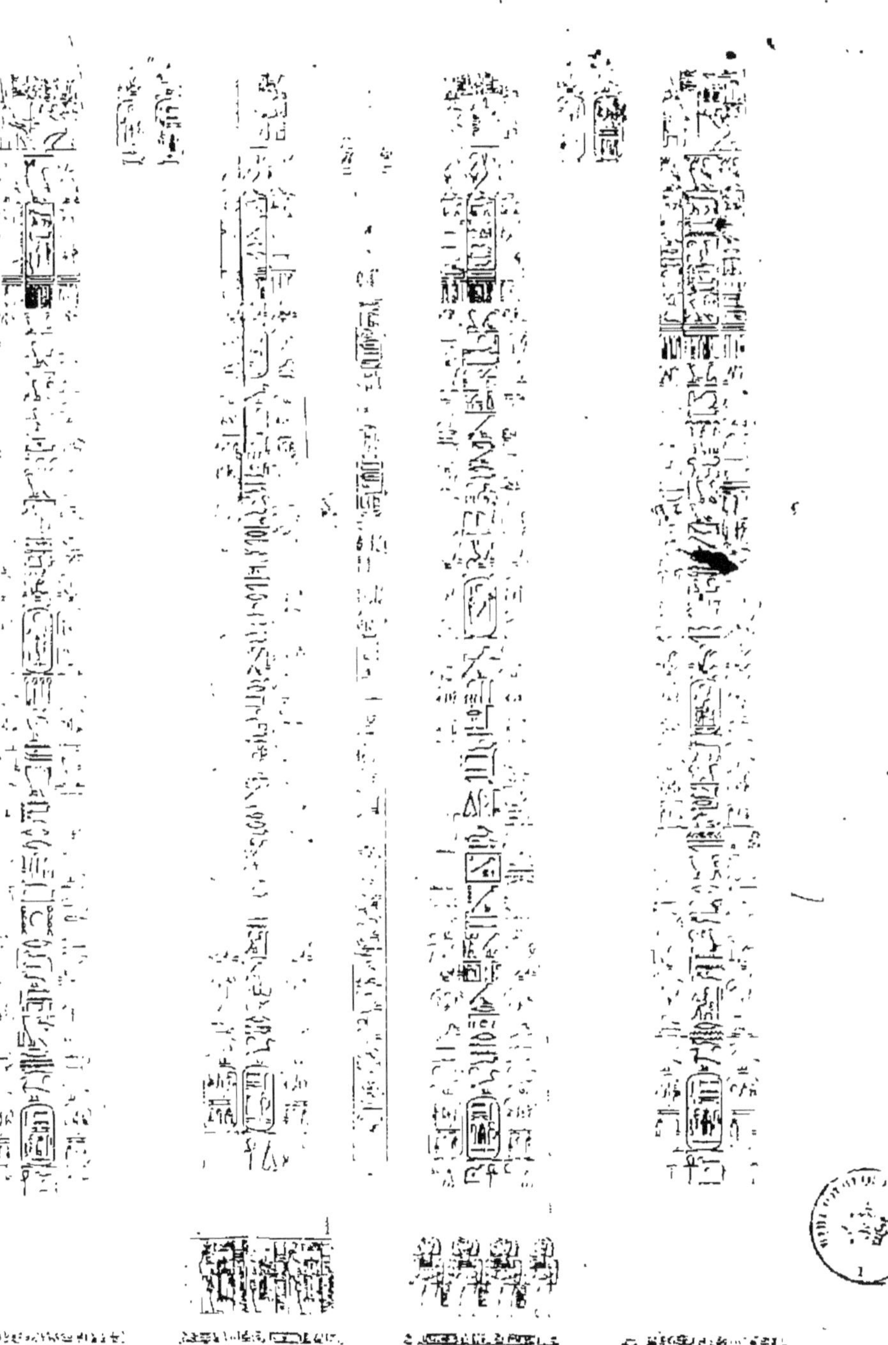

OBÉLISQUE OCCIDENTAL DE LOUQSOR.

www.ingramcontent.com/pod-product-compliance
Lightning Source LLC
LaVergne TN
LVHW020405230826
846091LV00003B/1152

* 9 7 8 2 0 1 6 1 7 3 9 2 3 *